안전하고 재미있게 즐기는 과학 실험

이 책에는 집에서 안전하게 해 볼 수 있는 다양하고 흥미로운 과학 실험들이 실려 있습니다.
준비물은 대부분 집에 있거나 쉽게 구할 수 있는 것들로 구성되어 있습니다.
이 책에 실린 실험을 할 때는 반드시 어른들에게 먼저 말해 허락을 받고,
어른들의 지시를 주의 깊게 따라 주세요.
어른의 도움이 필요하다고 적힌 실험, 불을 사용하거나 열을 가하는 실험, 조리 도구나
날카로운 기구, 전기 장비, 배터리를 사용하는 실험은 반드시 어른과 함께해야 합니다.
이 책의 실험을 통해 발생할 수 있는 부상이나 손상,
피해에 대해서 저자와 출판사는 책임을 지지 않습니다.

토머스 캐너번 선생님은

어린이를 위한 교양책을 쓰는 작가입니다. 다양한 주제에 관련된 글을 쓰는데, 과학과 수학에 관심이 많고 아이들과 과학 실험하는 것을 좋아합니다. 지은 책으로는 《유레카! 수학의 비밀》, 〈팩트 체크 사이언스〉 시리즈가 있습니다.

김아림 선생님은

서울대학교에서 생물학을 공부하고 과학사 및 과학철학 협동과정에서 석사 학위를 받았습니다. 출판사에서 편집자로 일하다가 현재 번역 에이전시 엔터스코리아에서 번역가로 활동 중입니다. 옮긴 책으로는 《우리 행성 지구의 거의 모든 것》, 《조개는 왜 껍데기가 있을까?》, 《세상의 모든 딱정벌레》, 《가장 완벽한 지구책》, 《빅뱅이 뭐예요?》, 《뷰티풀 사이언스》 들이 있습니다.

뚝딱! 과학이 쉬워지는
실험 레시피

처음 찍은 날 | 2023년 6월 5일   처음 펴낸 날 | 2023년 6월 25일
글쓴이 | 토머스 캐너번   옮긴이 | 김아림

펴낸이 | 김태진
펴낸곳 | 다섯수레

기획편집 | 김경희, 김시완, 김미희, 서해나, 유슬기   디자인 | 정수연, 김다윤
마케팅 | 이운섭   제작관리 | 김남희

등록번호 | 제3-213호   등록일자 | 1988년 10월 13일
주소 | 경기도 파주시 광인사길 193(문발동) (우 10881)
전화 | (02) 3142-6611(서울사무소)   팩스 | (02) 3142-6615
인쇄 | ㈜로얄 프로세스

ⓒ 다섯수레, 2023
ISBN 978-89-7478-471-3 73400

Children's Encyclopedia of Science Experiments

Copyright © Arcturus Holdings Limited www.arcturuspublishing.com
Korean translation Copyright © 2023 Daseossure
License arranged through KOLEEN AGENCY, Korea.
All rights reserved.

이 책의 한국어판 저작권은 콜린 에이전시를 통해 저작권사와 독점 계약한 다섯수레에 있습니다.
신 저작권법에 의해 한국 내에서 보호를 받는 저작물이므로 무단 전재와 무단 복제를 금합니다.

알고 있나요? ❿ 과학 실험

뚝딱! 과학이 쉬워지는
실험 레시피

토머스 캐너번 글 | 김아림 옮김

다섯수레

차례

제1장 :: 물질과 재료

물질과 재료	6	눈에 보이지 않는 기체	8
단단한 기반	10	팽창하는 금속	12
분자가 부리는 마법	14	산의 위력	16
별난 콜로이드	18	끈적끈적한 화학 물질	20
상의 변화	22	쌓아 올리기	24

제2장 :: 힘

힘	26	공기의 흐름	28
공기의 힘	30	물의 표면	32
균형 잡기	34	물에 띄우기	36
압력 줄이기	38	빙글빙글 돌기	40
운동량 보존의 법칙	42	마찰력	44
시간과 운동량	46		

제3장 :: 빛과 소리

빛과 소리	48	음악	50
빛의 반사	52	음파의 세계	54
도플러 효과	56	빛의 굴절	58
소리의 진동	60	뛰어난 청각	62
빛의 속임수	64	빛을 굴절시키는 렌즈	66

제4장 :: 열기와 냉기

열기와 냉기	68	멋진 결정	70
물의 증발	72	파동의 초점 맞추기	74
온도 감지하기	76	열 흡수하기	78
열기구 비행	80	녹는점과 어는점	82
입자들의 움직임	84	뜨거운 공기의 힘	86

제5장 :: 전기와 자기

전기와 자기	88	찌릿찌릿 튀는 정전기	90
전자의 흐름	92	휘어지는 물	94
도체 구분하기	96	끌어당기는 힘	98
나침반 만들기	100	전자석 만들기	102
보이지 않는 자기장	104	전구 만들기	106

제6장 :: 생물

생물	108	싹 틔우기	110
빛을 찾아서	112	화학 물질 피하기	114
엑스선 사진	116	세포막의 역할	118
자연에서 방향 찾기	120	살아 숨 쉬는 잎	122
동작을 기억하는 근육	124	생명의 증거	126

제1장 물질과 재료

물질과 재료

과학 실험이라고 하면 무척 복잡하고 대단해 보여요. 하지만 과학 실험에 언제나 특별하고 구하기 어려운 재료, 전문적인 실험 도구가 필요한 것은 아니에요. 과학 실험에 쓰이는 많은 재료들과 대체할 만한 간단한 도구들을 일상생활에서도 쉽게 찾을 수 있기 때문이지요. 이 책에서는 특별한 과학 실험 키트 없이 집에 있는 흔한 재료 또는 어디서든 쉽게 구할 수 있는 재료로 실험하며 과학에서 중요한 개념과 원리를 배울 수 있어요. 첫 번째 장에서는 고체, 액체, 기체 같은 다양한 상의 물질들이 지니는 화학적 성질을 연구하는 '재료 과학' 실험을 해 볼 거예요.

물질에 담긴 비밀

물질은 저마다 모양과 크기, 상태, 온도가 무척 다양해요. 세상 모든 것이 물질로 이루어져 있기 때문에 이 물질들을 살피고 연구하는 과정은 세상을 더 자세히 들여다보는 일이기도 하지요. 남극 해안에서 녹거나 부서지는 빙하, 바닥에 떨어져 산산조각 나는 유리, 녹아서 손에 떨어지는 아이스크림을 관찰하는 일도 모두 물질을 살펴보는 과정이에요. 이 장에서 이어지는 여러 과학 실험에서는 구부러지고, 부서지고, 녹고, 얼고, 팽창하고, 수축하고, 때로는 혼란스러운 방식으로 반응하는 물질의 세계를 자세히 들여다볼 수 있어요. 또 우리 주변의 일상적인 물질에 담긴 신비로운 비밀을 밝히고, 반대로 신기해 보이는 물질들이 사실은 우리 주변에서 흔히 발견된다는 것을 보여 주지요.

알고 있나요? 재료 과학은 물리학과 화학을 아우르는 광범위한 과학 분야로, 다양한 금속 또는 비금속 재료들을 연구해요.

눈에 보이지 않는 기체

기체는 대개 눈에 보이지 않기 때문에 맨눈으로 관찰하기 어려워요. 그래서 기체의 특성을 활용해 관찰해야 하는데, 밀도가 상대적으로 높고 무거운 기체는 그보다 가벼운 기체 아래로 가라앉아요. 맑고 화창한 날에 햇볕이 비추는 밝은색 벽 앞에서 실험하며 보이지는 않지만 가라앉는 기체를 눈으로 확인해 보세요.

 꼭 어른과 함께 실험하세요!

1. 햇빛이 비추는 밝은색 벽 앞에 탁자를 놓고, 베이킹 소다, 식초, 병이나 단지, 계량스푼, 나무 숟가락을 늘어놓아요.

2. 식초 200밀리리터를 병에 부어요.

3. 식초를 부은 병에 베이킹 소다 1큰술을 넣고 나무 숟가락으로 저어요. 이때 거품이 넘치지 않게 조심하세요.

4. 벽에 병의 그림자가 지도록 병의 위치를 조정해 들어 올려요.

5. 액체가 쏟아지지 않게 조심하면서 병을 천천히 기울여요.

6. 기체가 병에서 흘러나오는 모습을 그림자로 관찰해요.

이런 게 필요해요! 베이킹 소다, 식초, 병이나 단지, 계량스푼, 나무 숟가락

실험 속 원리

베이킹 소다는 과자를 만들 때 또는 청소할 때 흔히 쓰이는 화학 물질로, 정확하게는 탄산수소나트륨이라고 해요. 주방에서 자주 쓰이지요. 식초에 탄산수소나트륨을 넣고 섞으면 두 물질이 화학 반응을 일으켜 이산화탄소라는 기체가 만들어져요. 이산화탄소는 공기보다 밀도가 높고 무거워서 공기와 만나면 밑으로 가라앉지요. 그래서 마치 액체처럼 부을 수도 있고, 벽에 드리워진 그림자를 통해 병에서 쏟아져 나와 공기 아래로 가라앉는 모습을 볼 수 있어요.

석유가 모여 있는 유정에서 석유를 채굴할 때 천연가스도 함께 흘러나와요. 천연가스는 이산화탄소와 달리 공기보다 가볍기 때문에 위로 솟아오르지요.

천연가스는 눈에 보이지 않는 기체이지만 불을 붙이면 이글이글 타오르면서 흩어져요.

알고 있나요? 타오르는 양초 위에 이산화탄소를 부으면 공기가 차단돼 촛불이 꺼져요. 소화기가 작동하는 원리와 같지요.

단단한 기반

건물을 지을 때는 건물을 세우는 기반이나 기초가 가장 중요해요. 기반이 탄탄해야 건물이 무너지거나 넘어지지 않기 때문이에요. 그래서 건축가와 공학자 들은 건물이 세워지는 기반의 특성을 가장 먼저 살펴보고 고려한 뒤에 건물을 어떻게 지을지 계획하는데, 때에 따라 건물의 기반을 튼튼하게 만드는 작업이 필요하기도 하지요. 이번 실험에서는 건물의 기초를 쌓을 때 꼭 생각해야 하는 균형과 힘에 대해 알 수 있어요.

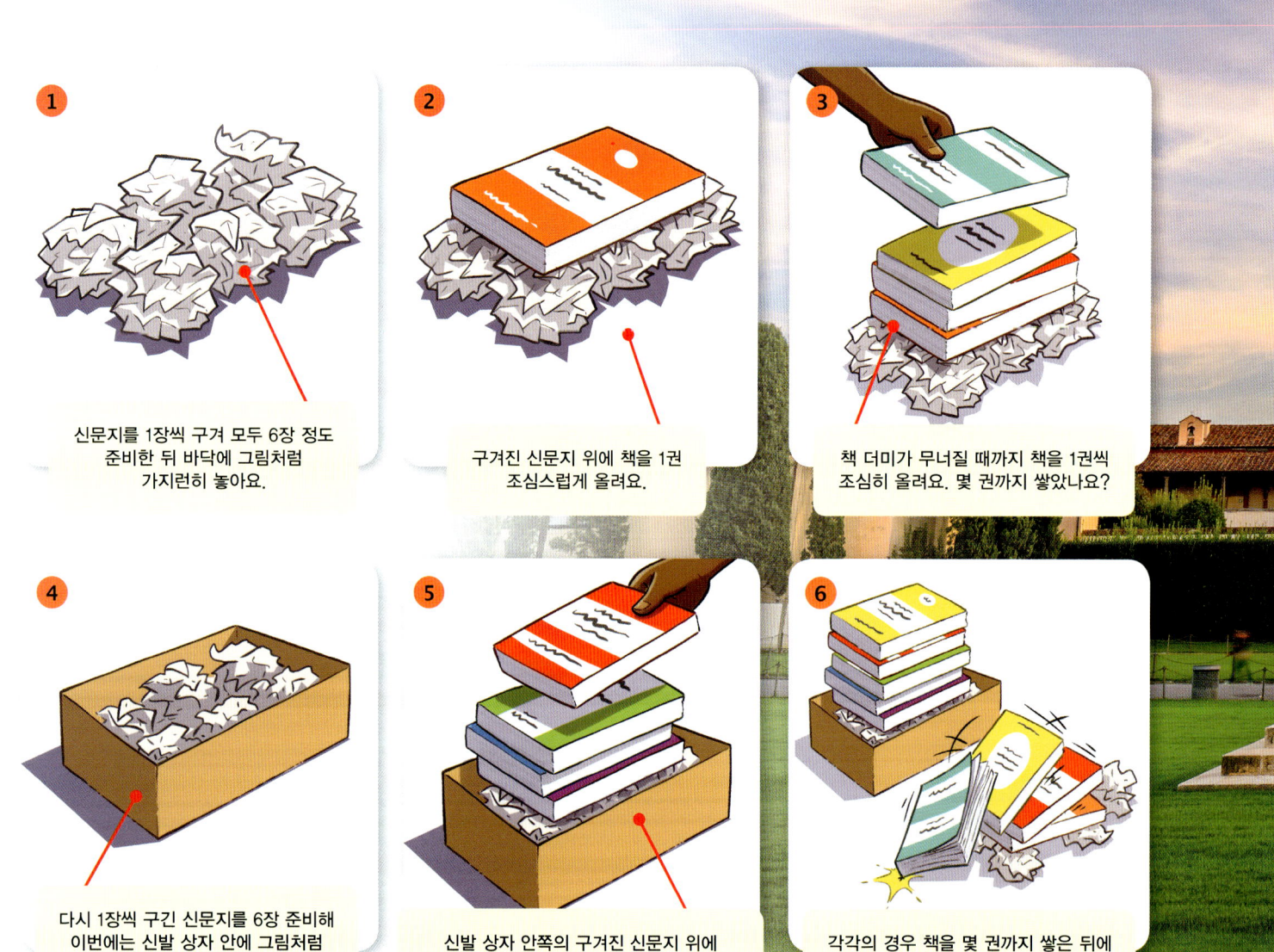

1. 신문지를 1장씩 구겨 모두 6장 정도 준비한 뒤 바닥에 그림처럼 가지런히 놓아요.
2. 구겨진 신문지 위에 책을 1권 조심스럽게 올려요.
3. 책 더미가 무너질 때까지 책을 1권씩 조심히 올려요. 몇 권까지 쌓았나요?
4. 다시 1장씩 구긴 신문지를 6장 준비해 이번에는 신발 상자 안에 그림처럼 가지런히 넣어요.
5. 신발 상자 안쪽의 구겨진 신문지 위에 ②~③처럼 책을 1권씩 조심히 쌓아 보아요.
6. 각각의 경우 책을 몇 권까지 쌓은 뒤에 책 더미가 무너졌는지 비교해 보아요.

이런 게 필요해요! 신문지 12장, 비슷한 크기의 책 20권가량, 신발 상자

실험 속 첫 번째 책 더미처럼 이탈리아에 있는 피사의 사탑도 기초 공사와 기반에 문제가 있었어요. 이 탑은 1173년부터 지어졌는데, 불과 5년 만에 기울기 시작했지요.

피사의 사탑 아래 땅은 모래로 되어 있어 탑의 무게를 고르게 떠받들지 못해요.

실험 속 원리

책을 쌓는 실험은 구조물을 지탱하는 기반이 얼마나 중요한지 보여 줘요. 이 실험에서 구겨진 신문지는 고르지 못한 데다 부실한 기반을 나타내지요. 이 위에 쌓인 첫 번째 책 더미가 신문지를 누르는 압력, 즉 중력은 책이 쌓일수록 커지고, 그 압력 때문에 신문지가 점점 바깥으로 밀려나요. 하지만 밀려나는 걸 막아 주는 구조물이 없기 때문에 책 더미가 불안정해지고, 얼마 쌓지 못해 무너지거나 주저앉지요. 반면 두 번째 책 더미에서는 신발 상자가 신문지가 밀려나지 않게 막는 벽이 되어 줘요. 그래서 책을 더 많이 쌓을 수 있지요.

알고 있나요? 1990년대에 공학 기술을 이용해 피사의 사탑을 복원하는 공사를 한 결과, 탑이 기울어진 각도를 약간 줄였어요.

팽창하는 금속

금속은 흔히 단단하고 구부러지지 않는 물질이라고 생각하기 쉬워요. 하지만 금속이 모두 똑같은 성질을 지니지는 않아요. 예를 들면, 수은은 금속이지만 실온에서는 액체 상태로 존재해요. 녹는점이 섭씨 영하 38.83도이기 때문이지요. 또, 아무리 단단한 금속이라도 그 안에 담긴 분자들은 계속 움직이고 있어요.

1. 빈 병 2개의 뚜껑을 쉽게 열리지 않게 꽉 닫아요.

2. 병 1개를 싱크대에 가져가 찬물을 틀고 물줄기 아래에 가져다 대요.

3. 30초 정도 뒤에 찬물을 잠그고 병뚜껑을 돌려 보세요. 아마 잘 열리지 않을 거예요.

4. 또 다른 빈 병을 싱크대로 가져가 이번에는 따뜻한 물을 30초 끼얹어요.

5. 그리고 나서 병뚜껑을 돌려 보면 첫 번째 병보다는 쉽게 열릴 거예요.

이런 게 필요해요! 금속 뚜껑이 달린 똑같은 유리병 2개, 찬물, 따뜻한 물

롤러코스터의 레일에 사용되는 강철은 무척 단단해요. 하지만 따뜻한 물을 끼얹은 병뚜껑처럼 열을 받으면 팽창하지요.

엄청나게 더운 날에 기차가 레일 위를 달리면 레일이 팽창하면서 휘어지기도 해요. 그래서 롤러코스터 같은 놀이 기구는 운행을 중단하기도 하지요.

실험 속 원리

물질이 열을 받으면 물질 속 분자들이 더 활발하게 움직이면서 서로 멀어지고, 물체의 길이, 면적, 부피가 늘어나요. 이런 현상을 '열팽창'이라고 하는데, 물질마다 팽창하는 정도가 다르지요. 금속 뚜껑이 달린 유리병을 이용한 실험은 물질이 열을 받으면 팽창하며, 팽창의 정도는 저마다 다르다는 사실을 보여 줘요. 이때 금속으로 된 병뚜껑이 유리로 된 병보다 더 많이 팽창하지요. 따뜻한 물을 끼얹으면 금속 병뚜껑이 유리병보다 더 많이 팽창하면서 금속과 유리 사이가 벌어지고, 찬물을 끼얹었을 때보다 쉽게 열려요.

알고 있나요? 미국 매사추세츠주 보스턴에 있는 고층 건물인 '존 핸콕 타워'의 금속 프레임이 무더운 날의 뜨거운 열기에 팽창하면서 유리창 수백 개가 빠진 적이 있어요.

분자가 부리는 마법

물질이나 물체의 형태는 물질 속 분자들이 얼마나 단단하게 결합되어 있는지에 따라 달라져요. 물질 속 분자들이 서로를 꽉 붙잡고 있으면 물질이 단단한 형태를 띠고, 형태가 쉽게 바뀌지 않지요. 반면 액체나 기체 같은 물질은 분자 사이의 간격이 넓고 느슨하게 고정되어 있거나 아예 고정되어 있지 않아 형태가 자유로워요.

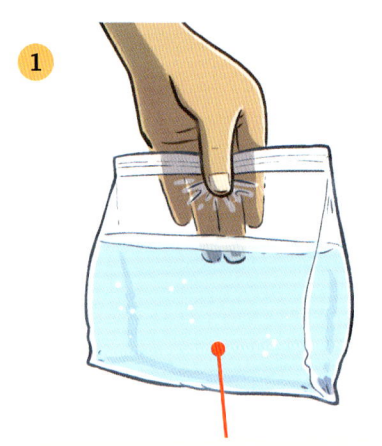

1. 밀폐형 비닐봉지에 물을 반쯤 채우고 지퍼를 잠근 다음 윗부분을 잡아 들어 올려요.

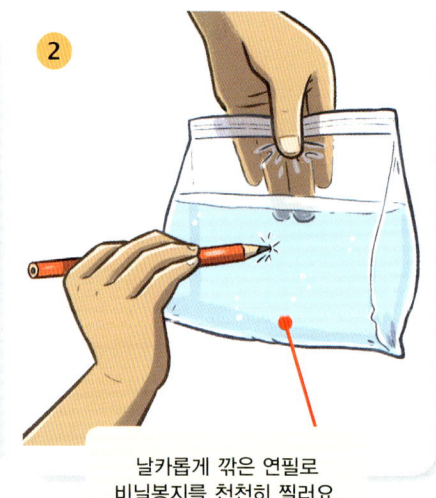

2. 날카롭게 깎은 연필로 비닐봉지를 천천히 찔러요.

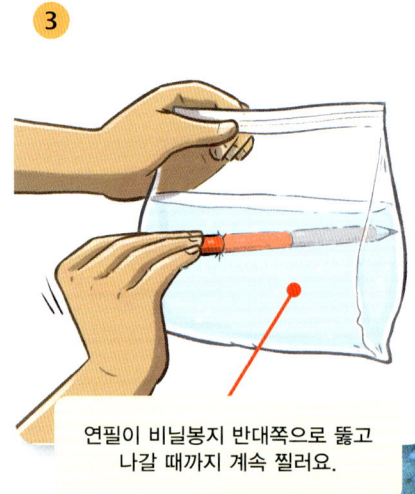

3. 연필이 비닐봉지 반대쪽으로 뚫고 나갈 때까지 계속 찔러요.

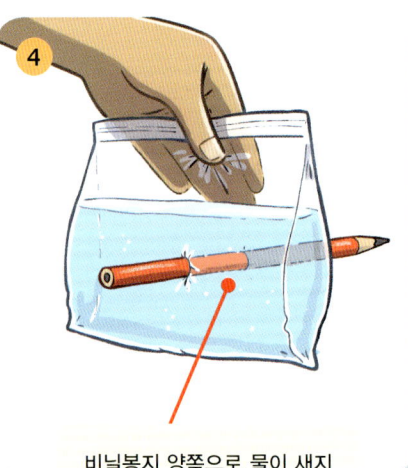

4. 비닐봉지 양쪽으로 물이 새지 않는지 확인해요.

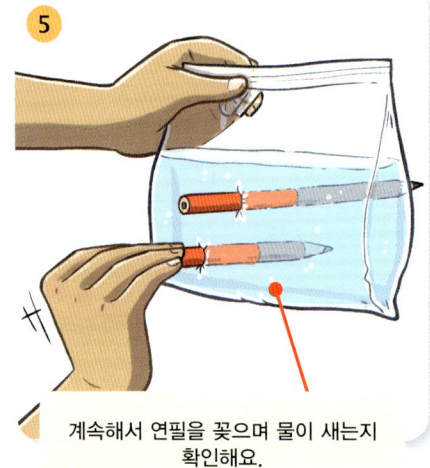

5. 계속해서 연필을 꽂으며 물이 새는지 확인해요.

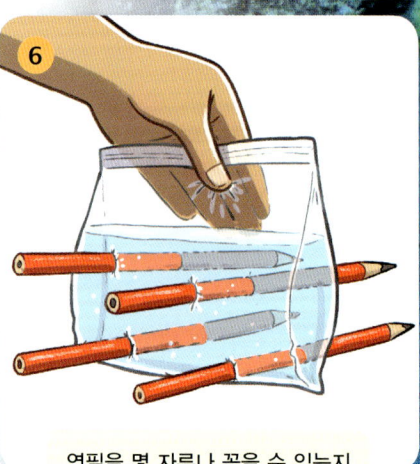

6. 연필을 몇 자루나 꽂을 수 있는지 확인해 보아요.

이런 게 필요해요! 밀폐형 비닐봉지, 물, 날카롭게 깎은 연필 여러 자루

골격을 잡아 주는 단단한 뼈가 없는 문어는 부드러운 몸을 좁은 틈새로 밀어 넣었다가 다시 나오며 몸의 형태를 바꿀 수 있어요.

문어는 몸의 형태가 흐물흐물한 덕분에서 포식자들을 피해 도망칠 수 있어요.

실험 속 원리

비닐봉지에 연필을 꽂아도 물이 새지 않는 건 비닐봉지가 '폴리머'라는 성분으로 이루어져 있기 때문이에요. 이 성분은 잘 구부러지는 데다 늘어났다가도 다시 조여드는 끈 모양의 분자로 이루어져 있지요. 털실로 짠 스웨터를 생각해 보세요. 스웨터를 입을 때 목 부분에 머리를 넣으면 목둘레가 잠시 늘어나지만, 일단 입고 나면 목에 잘 맞게 다시 줄어들어요. 폴리머도 이와 비슷해서 날카로운 연필이 비닐봉지에 들어가는 동안 늘어났다가 다시 연필 주위를 조이기 때문에 물이 새지 않아요.

알고 있나요? 문어는 완전히 자라기 전에는 동전만 한 구멍으로 비집고 들어갈 수도 있어요.

산의 위력

산은 물에 녹아 수소 이온을 만드는 화학 물질로, 신맛이 나요. 다른 물질과 쉽게 화학 반응을 일으켜 때로 놀라운 현상을 만들어 내기도 하는데, 음식을 소화시키는 데 도움을 주는 위산처럼 강한 산은 물질을 빠르게 분해해요. 반면 약한 산은 화학 반응도 느리게 일으키지요. 산이 일으키는 엄청난 화학 반응은 식초와 닭 뼈를 이용한 간단한 실험으로도 알아볼 수 있어요.

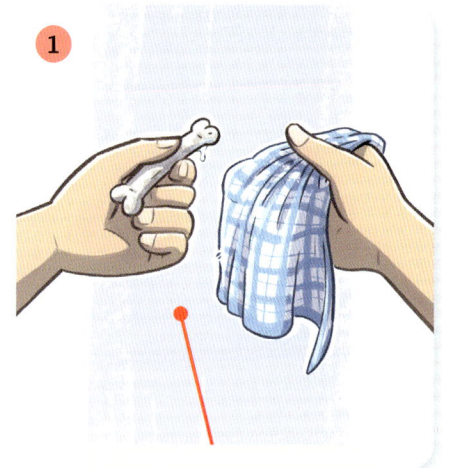

1. 먹고 남은 닭 뼈를 깨끗이 헹군 다음 말려요. 손가락 길이의 다리뼈가 가장 좋아요.

2. 유리병에 말린 닭 뼈를 넣고 닭 뼈가 잠길 정도로 식초를 부어요.

3. 병뚜껑을 잘 닫은 다음 2~3일 동안 그대로 둬요.

4. 2~3일 뒤에 식초를 따라 버리고 닭 뼈를 물로 헹궈요.

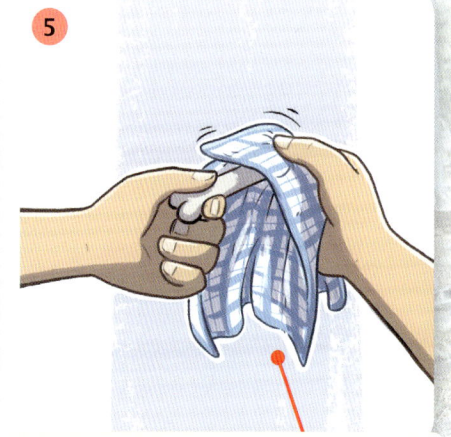

5. 키친타월로 닭 뼈의 물기를 닦으며 만져 보면 닭 뼈가 쉽게 구부러질 정도로 물렁할 거예요.

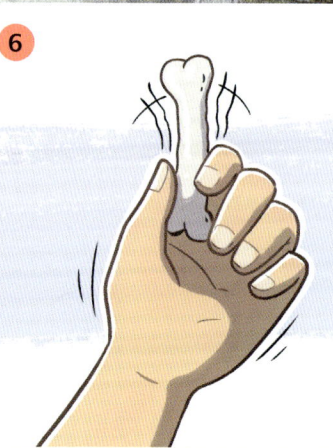

6. 닭 뼈가 고무처럼 느껴지는지 흔들거나 만져 보세요.

이런 게 필요해요! 먹고 남은 닭 뼈, 식초, 뚜껑이 있는 유리병

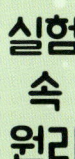

실험 속 원리

사람 뼈와 마찬가지로 닭 뼈는 탄산칼슘 같은 미네랄 성분으로 이루어져 있어 무척 단단해요. 식초에는 강력한 아세트산 성분이 들어 있는데, 닭 뼈를 식초에 며칠 동안 담가 두면 식초의 아세트산이 뼈의 탄산칼슘을 서서히 분해해서 칼슘 성분을 녹여 내지요. 그러고 나면 뼈는 모양을 유지하지만 더 이상 단단하지는 않아요. 대신 산과 화학 반응을 일으킨 뒤에 남은 단백질 성분인 콜라겐 때문에 고무처럼 느껴져요.

공장 굴뚝으로 배출되는 화학 물질이 공기 중에 산성 물질을 만들어요. 이 물질이 빗물과 섞여 산성비가 되지요.

식초가 뼈와 반응하는 것처럼 나무와 식물이 산성비를 맞으면 화학 반응을 일으켜 서서히 말라 죽어요.

알고 있나요? 산성비는 자연을 해칠 뿐 아니라 건물과 기념물도 녹여요. 때로 산성비를 맞아 알아볼 수 없을 정도로 변형된 동상도 있지요.

17

별난 콜로이드

원자는 물질을 이루는 기본 구성단위이고, 분자는 화학적 형태와 성질을 잃지 않고 분리될 수 있는 최소의 입자예요. 원자들이 화학적으로 서로를 끌어당겨 하나로 뭉치면 분자가 되고, 분자 혼자 또는 분자들이 화학적으로 뭉쳐 물질을 이루지요. 하지만 '콜로이드'라는 물질은 성질이 조금 달라요. 화학적으로 결합하지 않은 채 섞인 별난 혼합물로, 퍼지는 속도가 느리고 현미경으로 보이지는 않지만 원자보다 크기가 커요. 그리고 다음 실험에서 알 수 있는 별난 성질을 띠지요.

1. 우묵한 그릇에 옥수수 가루 4큰술을 넣고, 그릇 바닥에 골고루 펴요.

2. 컵에 차가운 수돗물을 받아요.

3. 컵에 담긴 물 1작은술을 떠 옥수수 가루를 담은 그릇에 넣어요.

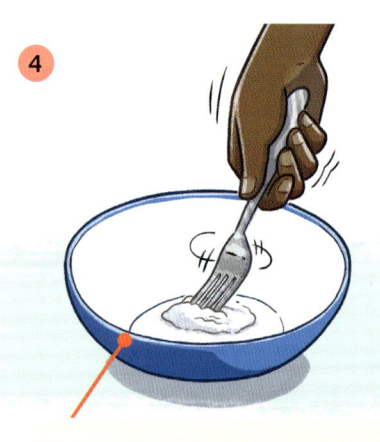

4. 포크를 저어 옥수수 가루와 물을 잘 섞어요.

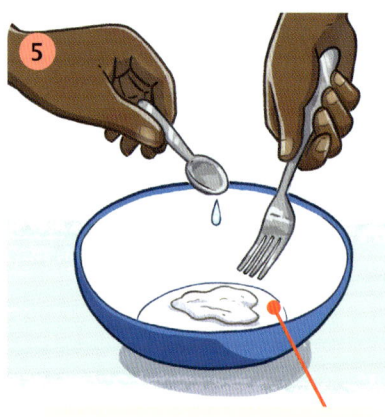

5. 옥수수 가루와 물이 잘 섞이는지 손가락으로 확인하면서 물을 넣고 다시 섞기를 3~4번 반복해요.

6. 옥수수 가루와 물이 섞인 혼합물은 그대로 두면 묽은 상태이지만 손가락으로 찔러 보면 단단할 거예요.

이런 게 필요해요! 우묵한 그릇, 옥수수 가루, 계량스푼, 컵, 물, 포크

생크림, 마요네즈, 우유는 흔하게 볼 수 있는 콜로이드예요. 꿀 또한 콜로이드 입자를 가진 물질로, 형태와 모양이 자유로워요.

가공하지 않은 꿀을 거르면 콜로이드 입자가 걸러져 꿀이 투명하고 부드러워져요.

실험 속 원리

이 실험으로 만든 옥수수 가루와 물의 혼합물이 콜로이드예요. 콜로이드를 들여다보면 한 물질 안에 다른 물질의 입자가 고르게 퍼져 있어요. 예를 들면, 우유는 액체 속에 지방이 고루 퍼져 있는 콜로이드 물질이에요. 우유, 마요네즈, 꿀뿐 아니라 커피, 심지어는 구름과 미세먼지도 콜로이드 물질이지요. 그런데 몇몇 콜로이드 물질은 흥미롭게도 액체인 동시에 고체인 성질을 띠어요. 여러분이 만든 옥수수 가루 혼합물은 손가락으로 찌르면 단단하지만 손가락을 빼면 액체처럼 흐물흐물한 성질을 띠는 콜로이드 물질이지요.

알고 있나요? 우리 몸속을 흐르는 혈액도 콜로이드 물질이에요.

끈적끈적한 화학 물질

두 물질 사이에 작용하는 끌어당기는 힘인 인력은 물리학에서만 만날 수 있는 힘은 아니에요. 화학에도 비슷한 힘이 작용하는데, 응집력 또는 접착력이지요. 이런 힘들로 원자 안의 양성자와 전자가 연결되고, 서로 다른 성질의 전기를 띤 원자들도 연결되어요. 원자보다 조금 더 큰 단위에서 들여다보면, 분자가 비슷한 성질을 띠는 분자와 달라붙기도 하고, 자신과 다른 성질을 띠는 분자를 끌어당겨 뭉치기도 해요.

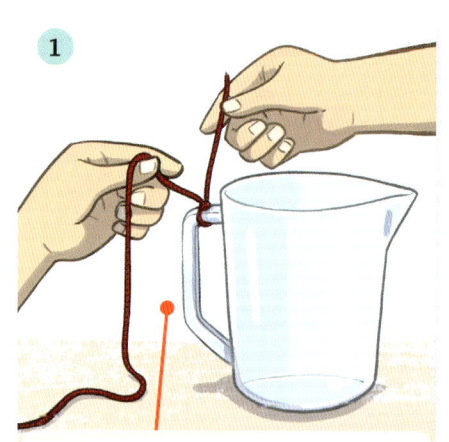

계량컵의 손잡이에 털실을 이중 매듭으로 단단히 묶어요.

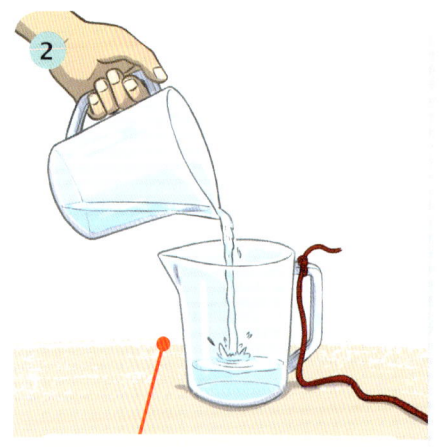

계량컵에 물을 3분의 2 정도 채워요.

털실을 계량컵 안에 완전히 담가요.

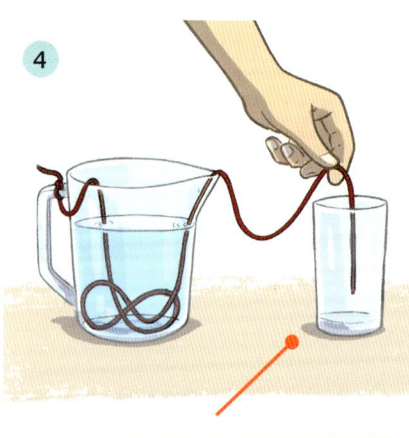

젖은 털실 끝을 꺼내 유리컵에 넣어요.

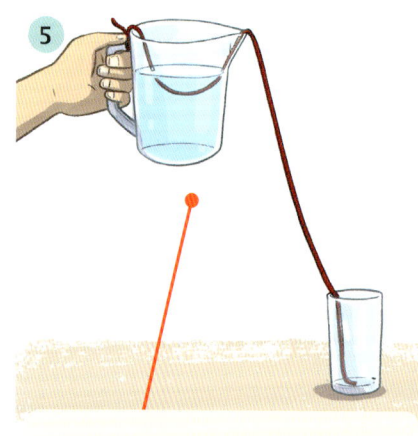

계량컵을 들어 올려 계량컵 밖으로 나온 털실을 팽팽하게 만든 뒤 물이 흐르지 않을 정도로 계량컵을 조금 기울여요.

물이 떨어지지는 않지만 털실을 통해 유리컵으로 흐를 거예요.

20 이런 게 필요해요! 털실 1미터, 작은 계량컵, 유리컵, 물

거미는 거미줄에 달라붙은 곤충을 잡아먹어요. 이때 거미줄이 먹이를 잡아 두는 힘도 응집력이에요.

거미는 거미줄에서 끈적이지 않는 부분을 밟는 데다 다리에는 끈적이는 거미줄에 달라붙지 않는 화학 성분이 묻어 있어요.

실험 속 원리

물을 털실로 흘려보내는 실험은 물의 2가지 특성인 응집력과 접착력을 보여 줘요. 물 분자는 응집력이 있어서 같은 물 분자와 달라붙는 동시에 다른 분자에 끌리는 접착력도 지녀요. 이 실험에서 털실을 물에 담그면 물 분자는 접착력으로 털실에 있는 분자에 달라붙어요. 그래서 털실이 물에 젖지요. 그러고 나서 계량컵을 들어 올려 기울이면 물이 자연스럽게 유리컵으로 흐르려고 하는데, 이때 다른 물 분자를 끌어당겨 함께 흘러내리지요.

알고 있나요? 거미줄이 끈적끈적하기만 한 것은 아니에요. 강철보다 5배나 튼튼해 한번 달라붙은 먹잇감은 빠져나갈 수 없지요.

상의 변화

물질이 열을 받거나 잃으면 입자들이 움직이면서 물질의 상이 바뀌어요. 어려운 말 같지만 기체, 액체, 고체 같은 물체의 상태가 변한다는 뜻이에요. 열을 통해 물질의 상태가 변화하는 과정은 일상생활에서 언제나 볼 수 있는데, 바로 요리이지요. 초콜릿에 열을 가하는 실험을 통해 부엌에서 일어나는 화학 변화를 경험해 보세요. 단, 물을 끓이는 실험이니 반드시 어른과 함께하세요.

 꼭 어른과 함께 실험하세요!

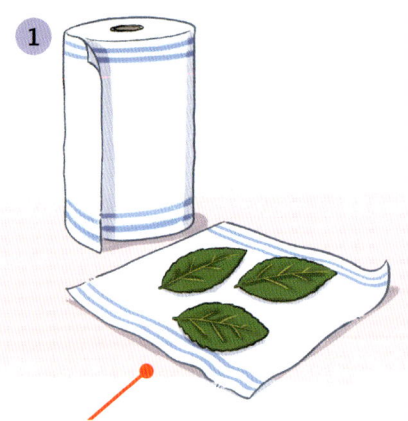

1. 나뭇잎을 몇 장 떼어 물에 헹군 다음, 키친타월 위에 올려 가볍게 두드려 물기를 없애요.

2. 냄비에 물을 반쯤 채우고, 어른에게 물을 데워 달라고 부탁해요.

3. 초콜릿을 잘게 쪼개서 우묵한 그릇에 넣어요.

4. 어른에게 부탁해 초콜릿이 든 그릇을 냄비 위에 올려 달라고 해요. 초콜릿이 녹으면 어른의 도움을 받아 그릇을 불에서 내려요.

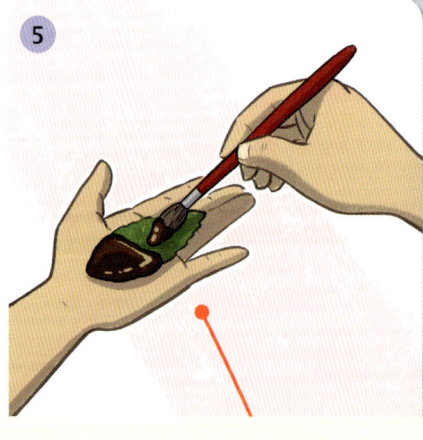

5. 녹인 초콜릿을 주방용 붓으로 나뭇잎의 한쪽 면에 바르고, 초콜릿이 굳어서 묻어나지 않을 때까지 식혀요.

6. 나뭇잎을 떼어 내 보면 초콜릿에 나뭇잎의 무늬가 새겨져 있을 거예요.

이런 게 필요해요! 나뭇잎 여러 장, 키친타월, 물, 냄비, 우묵한 그릇, 초콜릿, 주방용 붓

어는점은 물질마다 달라요. 실온에서 초콜릿은 고체지만 물은 액체인 것처럼요. 지붕에 쌓인 눈은 햇빛을 받으면 물로 녹아 흐르지만 지붕 가장자리에서 어는점보다 낮은 온도의 공기를 만나면 고드름으로 얼어붙지요.

겨울철에는 햇빛이 고드름을 녹일 만큼 따뜻하지 않아요. 그래서 고드름은 얼어붙은 고체 상태로 매달려 있지요.

실험 속 원리

초콜릿 분자들은 실온에서는 서로를 단단히 붙든 채 고체 상태로 존재해요. 그러다가 초콜릿에 열을 가하면 초콜릿 분자들이 움직이는 속도가 빨라지면서 서로를 벗어나려고 하지요. 그러다 분자들이 서로를 놓고 자유롭게 움직이면서 초콜릿이 액체 상태로 녹아요. 녹은 초콜릿을 식히면 반대 현상이 일어나요. 초콜릿이 열을 빼앗기면 고체로 굳어 다시 단단해지거든요. 이런 원리를 활용해 다양한 모양과 무늬를 가진 초콜릿을 만들 수 있어요.

알고 있나요? 초콜릿을 입에 넣으면 사르르 녹아요. 초콜릿이 사람의 체온보다 조금 낮은 섭씨 32도 정도에서 녹기 때문이에요.

쌓아 올리기

같은 두께의 똑같은 물질이라도 얇게 여러 겹으로 쌓아 올리면 더 튼튼해요. 나무 같은 물질 안에는 강화 섬유나 알갱이가 들어 있기 마련인데, 강화 섬유나 알갱이의 결을 반대로 한 층씩 쌓아 올리면 구조를 더 튼튼하게 만들 수 있지요. 차곡차곡 쌓아 올린 재료가 얼마나 튼튼한지를 보여 주는 이 실험은 반드시 어른의 도움을 받아 함께하세요.

 꼭 어른과 함께 실험하세요!

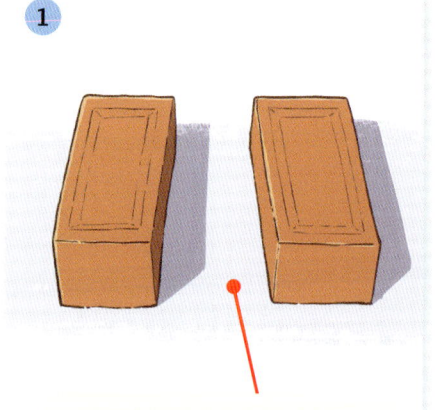

1. 벽돌 2개를 바닥에 나란히 두세요. 이때 벽돌 사이가 아이스크림 막대 길이보다 가까워야 해요.

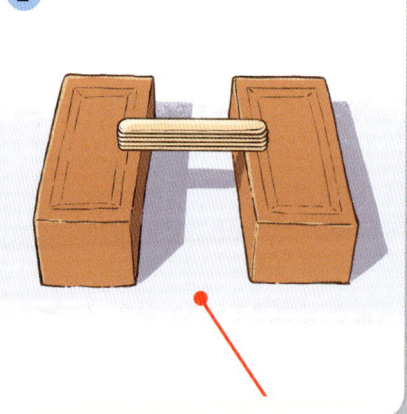

2. 벽돌을 가로질러 아이스크림 막대 5개를 가지런히 쌓아 올려요.

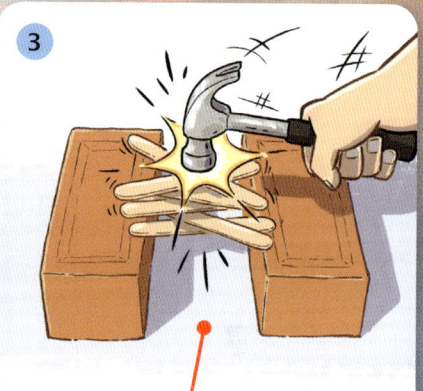

3. 어른에게 부탁해 아이스크림 막대를 망치로 내리쳐요. 아이스크림 막대는 이리저리 날아가겠지만 쉽게 부러지지는 않을 거예요.

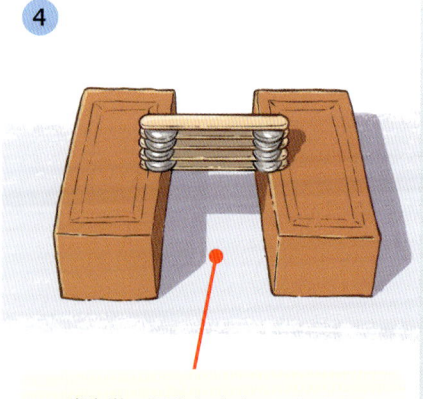

4. 이번에는 ②처럼 아이스크림 막대를 쌓되 하나씩 쌓을 때마다 막대 양 끝에 동전을 올려요.

5. 다시 한번 어른에게 부탁해 아이스크림 막대를 내리쳐 달라고 하세요. 이번에는 아이스크림 막대가 쉽게 부러질 거예요.

이런 게 필요해요! 벽돌 2장, 아이스크림 막대 10개, 똑같은 동전 8개, 망치

발차기를 빠르게 하면 실험에서 막대를 부러뜨리는 망치처럼 큰 힘을 만들어 낼 수 있어요.

가벼운 목재는 안쪽에 공기가 많은데, 이 공기는 실험에서 막대 사이를 띄우는 동전과도 같아요. 가벼운 목재도 발차기나 망치로 쉽게 부서지지요.

실험 속 원리

아이스크림 막대를 이용한 실험에서 첫 번째 아이스크림 막대 5개는 겹겹이 쌓여 있지만 두꺼운 나무판과도 같아서 망치로 내리쳐도 쉽게 부러지지 않아요. 하지만 두 번째 아이스크림 막대처럼 동전으로 사이를 띄우면 망치가 각각의 층을 내리치기 때문에 잘 부러지지요. 마찬가지로 아이스크림 막대 5개를 한꺼번에 손에 쥐고 꺾으려면 아이스크림 막대를 1개씩 5번 부러뜨리는 것보다 힘이 훨씬 많이 들어요. 그래서 태권도 선수들은 격파 시범을 보일 때 일부러 판자 사이를 띄워 두기도 해요.

알고 있나요? 자동차 유리창에 쓰이는 합판 유리는 여러 층으로 되어 있어 일반 유리보다 훨씬 튼튼해요.

제2장 힘

힘

힘은 운동을 일으키거나 변화시키는 위력, 또는 에너지예요. 자전거를 타고 페달을 밟으면 앞으로 나갈 힘을 주는 셈이에요. 이때 모든 물체를 지구 중심으로 끌어당기는 힘인 중력에 이끌려 넘어지지 않으려면 브레이크를 밟아 마찰력을 일으켜야 해요.

일상생활과 힘

무거운 짐을 들어 올리거나 달리는 개에게 이끌리거나 정원의 잔디 깎는 기계를 미는 것처럼 우리가 일상적으로 쓰는 힘에 대해 생각해 보세요. 곰곰이 생각해 보면 우리는 매 순간 밀거나 당기는 힘을 쓰며 살고 있지요. 이렇게 일상을 자세히 들여다보고 실험해 보면 누구나 힘에 대한 흥미로운 비밀을 발견할 수 있어요. 예를 들면, 우리를 둘러싼 가장 흔한 물질인 물과 공기도 강력한 힘을 지니고 있어요. 또, 시간이나 공간을 이용해 힘을 변화시킬 수도 있지요. 이 장에서 이어지는 실험을 통해 힘이 사물의 운동을 일으키거나 변화시키는 놀라운 방식을 알아보세요.

알고 있나요? 놀이로 날리는 연이 놀라운 속도로 날기도 해요. 시속 193킬로미터로 하늘을 난 기록도 있지요.

공기의 흐름

기체는 잘 보이지 않아 아무런 힘도 없을 것 같지만 아주 강력한 힘을 일으키거나 변화시키는 물질이에요. 우리 주변에서도 기체가 일으키는 힘을 아주 쉽게 볼 수 있지요. 바로 공기예요. 헤어드라이어에서 나오는 공기와 탁구공을 이용한 간단한 실험으로 거대한 비행기가 하늘에서 떨어지지 않고 날아다니는 원리를 알 수 있어요.

1. 헤어드라이어를 가장 차가운 온도로 설정해요. 이 실험에서는 열기가 아닌 공기의 흐름이 중요해요.

2. 한 손에는 헤어드라이어를, 다른 손으로는 탁구공을 잡고 헤어드라이어를 위로 향하게 한 뒤 전원을 켜요.

3. 탁구공을 헤어드라이어 위로 천천히 옮겨요.

4. 탁구공을 손에서 조심히 놓아요.

5. 탁구공이 떨어지지 않고 손을 놓은 곳에서 둥둥 떠 있을 거예요.

6. 헤어드라이어를 좌우로 움직이면서 탁구공이 어떻게 되는지 관찰해 봐요.

이런 게 필요해요! 헤어드라이어(어른의 허락을 받고 사용하세요!), 탁구공

위로 향한 헤어드라이어에서 나오는 공기 같은 기류를 '상승 온난 기류'라고 해요. 독수리 같은 새들은 이런 기류를 타고 하늘에 오래 머물러요.

독수리는 날개의 폭이 넓어서 바람을 최대한 많이 붙잡을 수 있어요.

실험 속 원리 탁구공 실험은 기체가 이동하는 속도가 빠를수록 가해지는 압력이 작아져 물체를 누르는 힘이 약해진다는 '베르누이의 원리'를 설명해 줘요. 공기는 사방에서 물체에 압력을 가하는데, 헤어드라이어 위로 솟구치는 공기는 높은 압력의 공기에 둘러싸인 약한 압력의 공기 터널과 같지요. 이때 헤어드라이어에서 나오는 공기가 탁구공을 위로 밀어 올려요. 하지만 그보다 높은 곳의 공기가 올라오는 공기의 흐름을 누르지요. 공기 터널 안에서 밀어 올리는 공기와 누르는 공기가 만나기 때문에 헤어드라이어를 좌우로 움직여도 탁구공이 한자리에 떠 있어요.

알고 있나요? 비행기를 설계하는 공학자들은 가능한 한 큰 양력을 얻는 방법을 찾으려고 새의 날개를 연구해요. 양력은 물체가 공중을 날 수 있게 하는 힘이지요.

공기의 힘

공기와 같은 기체들은 물체를 들어 올리거나 날려 버릴 수 있어요. 뿐만 아니라 압력이 커지면서 엄청난 힘을 발휘하기도 하지요. 풍선에 공기를 불어 넣으면 제한된 공간 안으로 점점 더 많은 기체가 밀려들면서 풍선이 점점 커져요. 그만큼 풍선 안쪽 압력도 커지지요. 하지만 커질 대로 커진 풍선에 공기를 계속 넣으면 압력을 이기지 못해 결국 터지고 말아요. 하지만 이렇게 쌓여 가는 압력은 일을 하는 데 쓰이기도 하지요.

1. 탁자에 계량컵 2개를 나란히 놓아요.

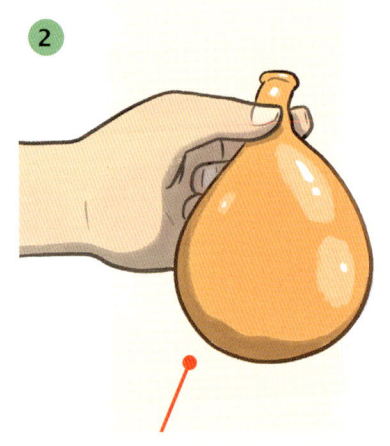

2. 풍선 하나를 작게 불고 공기가 빠지지 않게 풍선 입구를 손으로 꽉 잡아요.

3. 풍선을 조심히 잡은 채 작은 계량컵의 바닥까지 풍선이 터지지 않게 살살 밀어 넣어요.

4. 계량컵을 잡고 풍선이 계량컵을 가득 채울 때까지 불어요.

5. 공기가 빠지지 않게 풍선 입구를 손으로 꽉 잡고 들어 올려 봐요.

6. 이제 큰 계량컵을 이용해 ②~⑤를 반복한 뒤 어떤 일이 벌어지는지 확인해 보세요.

이런 게 필요해요! 작은 플라스틱 계량컵, 큰 플라스틱 계량컵, 풍선 2개

실험 속 원리

아무리 평범하고 일상적인 행동이나 움직임도 힘이 있어야만 일어나요. 손으로 계량컵을 집어 들 때면 손가락이 계량컵 안팎으로 힘을 가하지요. 반면 이 실험에서는 계량컵을 채운 풍선 바깥쪽으로 힘이 가해져 풍선이 계량컵 안쪽을 꽉 붙들어요. 공기로 채워진 풍선 안쪽의 압력이 풍선보다 훨씬 무거운 계량컵을 들어 올리는 힘이 되어 주는 거예요. 이때 큰 계량컵을 들어 올리려면 풍선에 공기를 더 많이 채워야 해요. 공기로 채워야 할 공간이 작은 계량컵보다 넓기 때문이지요.

무게가 수 톤이나 되는 건설 중장비는 그 무게만큼 무거운 짐을 날라요. 이때 모든 압력이 바퀴로 전해지지요.

타이어 속 공기의 압력이 실험 속 풍선처럼 무거운 기계와 짐을 지탱할 힘이 되어 줘요.

알고 있나요? 팽팽하게 부푼 풍선을 물속 깊이 넣으면 풍선 안쪽의 압력보다 높은 수압 때문에 풍선이 쭈그러들어요.

물의 표면

분수대에 동전을 던지거나 호수에 돌을 던지면 동전이나 돌이 물속으로 가라앉아요. 하지만 잔잔한 물의 표면을 자세히 들여다보면 놀라운 것이 보여요. 때로 당연히 물속으로 가라앉을 거라고 예상한 물질들이 물에 뜨거든요. 수면에는 '표면 장력'이라는 힘이 만들어지는데, 몇몇 물질은 이 힘 덕분에 중력에 저항해 물에 뜰 수 있어요. 표면 장력이 어떤 힘인지는 바늘을 이용한 간단한 실험으로도 알 수 있어요. 바늘을 사용할 때는 다치지 않도록 조심하고 실험이 끝난 후에는 잘 보관하세요.

 꼭 어른과 함께 실험하세요!

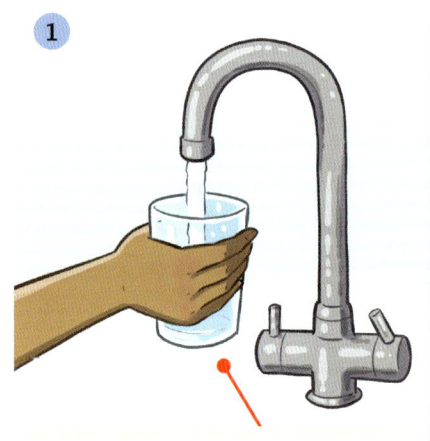

투명한 유리컵에 물을 거의 가득 채워요. 차가운 물도 괜찮아요.

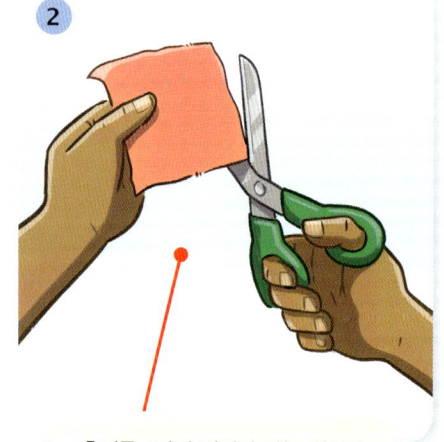

휴지를 4면의 길이가 바늘 길이와 비슷하게 잘라요.

유리컵 안의 물이 잔잔해지면 물 위에 네모나게 자른 휴지를 올려요.

바늘을 조심스럽게 휴지 위에 올려요.

휴지가 유리컵 바닥에 가라앉을 거예요.

하지만 바늘은 물 위에 떠 있지요.

이런 게 필요해요! 유리컵, 물, 휴지, 바늘, 가위

실험 속 원리

물 분자는 수소 원자와 산소 원자로 이루어져요. 물 분자들은 서로 달라붙는 성질을 띠는데, 공기와 만나는 곳에서 응집력이 더 커지지요. 물 분자가 서로 뭉치면 수면이 마치 얇은 피부처럼 작용해요. 이 힘이 표면 장력인데, 액체 표면이 스스로를 수축해서 가능한 한 작은 면적을 유지하려고 하지요. 이 실험에서 물은 작은 구멍이 많은 물질인 휴지를 쉽게 통과할 수 있어요. 그래서 휴지가 물을 충분히 머금으면 아래로 가라앉지요. 하지만 금속으로 만들어진 바늘은 물을 흡수하지 않기 때문에 물의 피부와도 같은 수면에 붙들려 떠 있어요.

소금쟁이 같은 몇몇 곤충들은 물의 표면 장력을 활용해서 물 위에 떠 있어요.

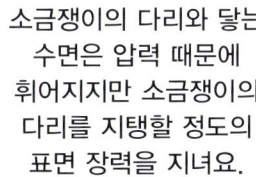

소금쟁이의 다리와 닿는 수면은 압력 때문에 휘어지지만 소금쟁이의 다리를 지탱할 정도의 표면 장력을 지녀요.

알고 있나요? 컵에 담긴 잔잔한 물의 표면이 부풀어 오른 것처럼 보이는 것도 표면 장력 때문이에요.

균형 잡기

어떤 물체의 전체 질량이 어느 한 지점을 기준으로 어느 쪽에서 재든 똑같을 때 이 지점을 '무게 중심'이라고 하고, 물체는 이 지점에서 균형을 이루어요. 쉽게 말해, 무게 중심은 중력이 집중적으로 작용하는 점이라고도 생각할 수 있지요. 시소의 가운데 부분처럼요. 만약 질량이 고르게 퍼져 있는 물체가 아니라면 무게 중심이 물체의 한가운데가 아닌 다른 곳에 있을 거예요. 그럼 고르지 않은 질량이 균형과 무게 중심에 어떤 영향을 미치는지 알아볼까요?

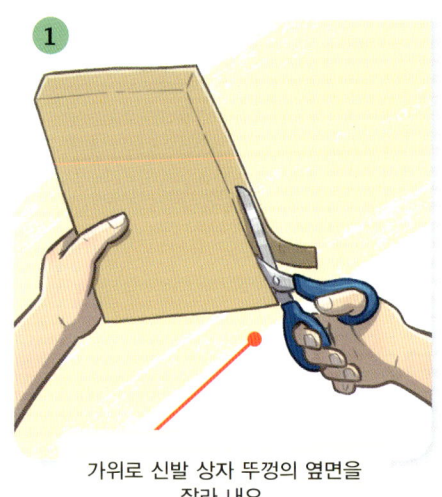

1. 가위로 신발 상자 뚜껑의 옆면을 잘라 내요.

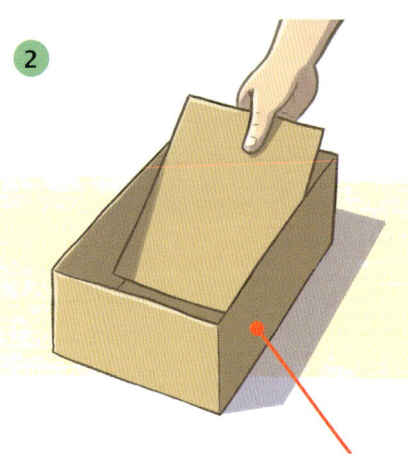

2. 자르고 남은 뚜껑의 윗부분을 신발 상자 안에 넣어 바닥에 깔리는지 확인한 뒤 다시 꺼내요.

3. 무거운 물건을 신발 상자의 한쪽 끝에 바짝 붙여 넣어요.

4. 뚜껑의 윗부분을 그 위에 얹어 안에 넣은 물건이 보이지 않게 숨겨요.

5. 상자 안 물건이 탁자 안쪽으로 오게 신발 상자를 탁자 위에 놓고 탁자 밖으로 반쯤 튀어나오게 밀어도 신발 상자는 떨어지지 않아요.

> 줄타기를 하는 사람은 줄 위에서 중력이 고르게 작용하도록 무게 중심을 유지하기 때문에 한쪽으로 떨어지지 않아요.

이런 게 필요해요! 신발 상자, 가위, 무거운 물건

실험 속 원리

우리는 일직선으로 똑바로 걸어야 하는 상황에서 자기도 모르게 팔을 양쪽으로 뻗어요. 우리 몸이 무게 중심을 잡으려고 무의식적으로 취하는 행동이지요. 무게 중심은 질량이 균형을 이루는 지점으로, 이 지점을 중심으로 어느 쪽이든 질량이 같아요. 신발 상자를 이용한 실험에서 상자 안에 담긴 물건의 질량이 상자의 질량보다 크기 때문에 신발 상자가 절반이나 탁자 밖으로 튀어나와도 떨어지지 않아요. 중력이 무거운 물체가 담긴 탁자 안쪽의 신발 상자에 더 크게 작용하기 때문이에요.

줄타기를 하는 사람은 팔을 뻗고 사방으로 움직여 무게 중심을 잡아요.

알고 있나요? 무게 중심을 '중력의 중심'이라고도 해요. 무게 중심을 잡으면 몸에 작용하는 중력이 어디에서든 똑같아져 아래로 떨어지지 않지요.

물에 띄우기

물체나 사람은 반대 방향으로 작용하는 두 힘에 따라 물에 뜨기도 하고 가라앉기도 해요. 바로 중력과 부력이에요. 중력은 물체를 아래로 잡아당기는 반면 부력은 위로 밀어 올리지요. 그런데 부력은 무게보다는 모양에 따라 달라져요. 그 때문에 조약돌은 물 아래로 가라앉는 반면 거대한 배는 물 위에 떠 있을 수 있지요. 점토로 만든 모형을 물에 띄워 보면 물체의 모양이 부력에 어떤 영향을 주는지 알 수 있어요.

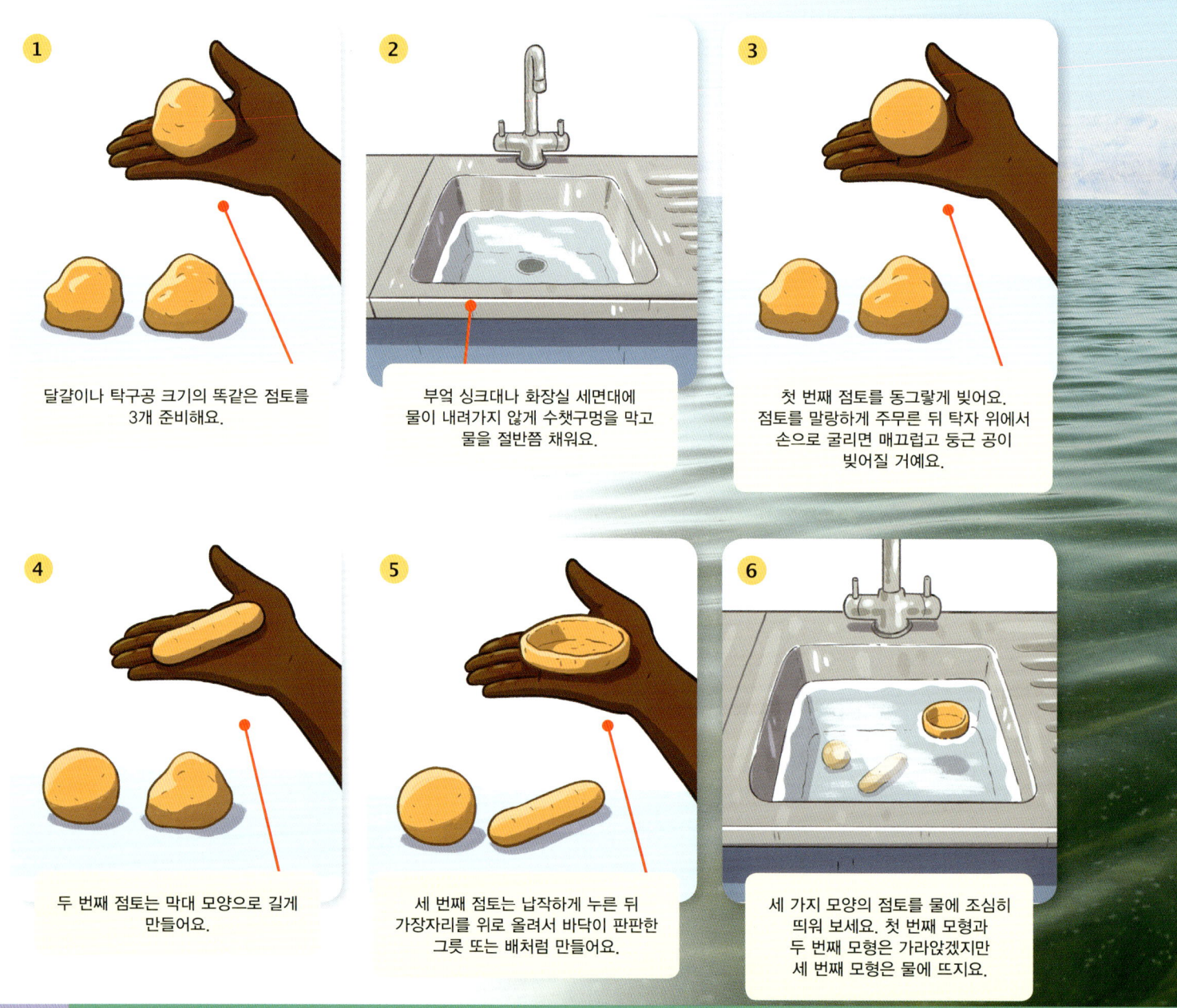

1. 달걀이나 탁구공 크기의 똑같은 점토를 3개 준비해요.

2. 부엌 싱크대나 화장실 세면대에 물이 내려가지 않게 수챗구멍을 막고 물을 절반쯤 채워요.

3. 첫 번째 점토를 동그랗게 빚어요. 점토를 말랑하게 주무른 뒤 탁자 위에서 손으로 굴리면 매끄럽고 둥근 공이 빚어질 거예요.

4. 두 번째 점토는 막대 모양으로 길게 만들어요.

5. 세 번째 점토는 납작하게 누른 뒤 가장자리를 위로 올려서 바닥이 판판한 그릇 또는 배처럼 만들어요.

6. 세 가지 모양의 점토를 물에 조심히 띄워 보세요. 첫 번째 모형과 두 번째 모형은 가라앉겠지만 세 번째 모형은 물에 뜨지요.

이런 게 필요해요! 점토, 물

실험 속 원리 공 모양과 막대 모양의 점토는 빠른 속도로 물에 가라앉을 거예요. 반면 배처럼 생긴 점토는 물에 뜨고요. 이런 차이는 기체나 액체 속에 있는 물체를 위로 밀어 올리는 힘, '부력' 때문에 일어나요. 부력은 물체가 물을 밀어내는 힘에 따라 달라져요. 물체가 밀어내는 물에 가해지는 중력이 물체에 가해지는 중력보다 크다면 물체는 물에 뜨지요. 배 모양으로 만든 점토는 다른 두 가지 점토와 무게는 비슷하지만 물에 닿는 면적은 넓어요. 그만큼 물을 밀어내는 힘이 더 크기 때문에 물에 뜰 수 있어요.

물에 녹아 있는 소금도 부력에 영향을 미쳐요. 보통의 바닷물보다 9배는 짠 사해 호수에서는 사람이나 물체가 더 잘 뜨지요.

소금물은 민물보다 무겁기 때문에 그만큼 물체를 밀어내는 부력이 커요. 그래서 우리 몸이 민물 호수보다 바다에서 훨씬 잘 뜨는 거예요.

알고 있나요? 크고 무거운 선박은 크기만큼 많은 물을 밀어내기 때문에 물에 떠요.

압력 줄이기

하이힐을 신은 사람과 코끼리가 부드러운 땅 위를 함께 걷는다고 생각해 보세요. 하이힐은 뾰족하고 깊은 발자국을 남기지만 무게가 수 톤에 이르는 코끼리는 그보다 얕고 커다란 발자국을 남길 거예요. 크기와 무게를 생각해 보면 의아한 일이지만, 이것은 코끼리가 엄청난 무게를 넓은 면적에 분산시켜 땅에 가하는 압력을 줄이기 때문이에요. 이러한 원리는 풍선을 이용한 간단한 실험으로도 알 수 있어요. 하지만 조심하세요! 풍선이 펑 터질 테니까요! 또 압정은 밟아서 다치지 않도록 안전에 유의하고 반드시 사용한 뒤 잘 보관해 주세요.

 **꼭 어른과 함께 실험하세요!**

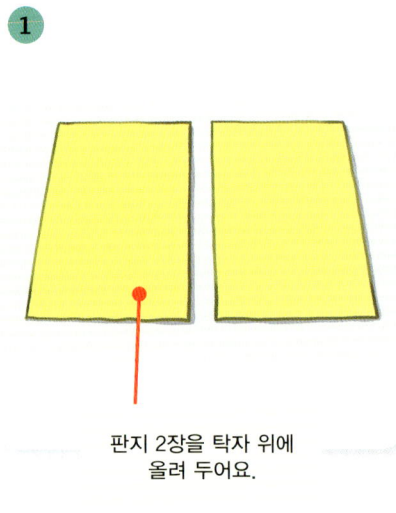

1. 판지 2장을 탁자 위에 올려 두어요.

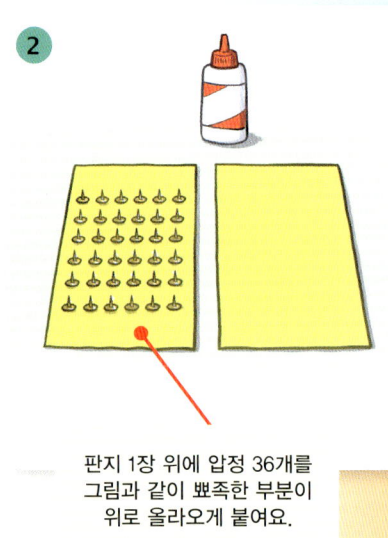

2. 판지 1장 위에 압정 36개를 그림과 같이 뾰족한 부분이 위로 올라오게 붙여요.

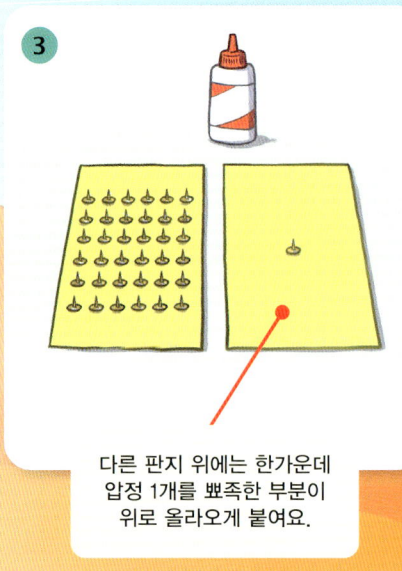

3. 다른 판지 위에는 한가운데 압정 1개를 뾰족한 부분이 위로 올라오게 붙여요.

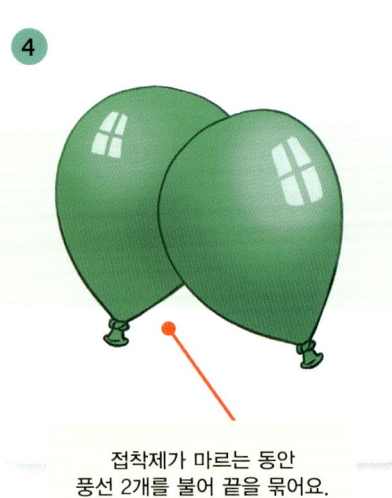

4. 접착제가 마르는 동안 풍선 2개를 불어 끝을 묶어요.

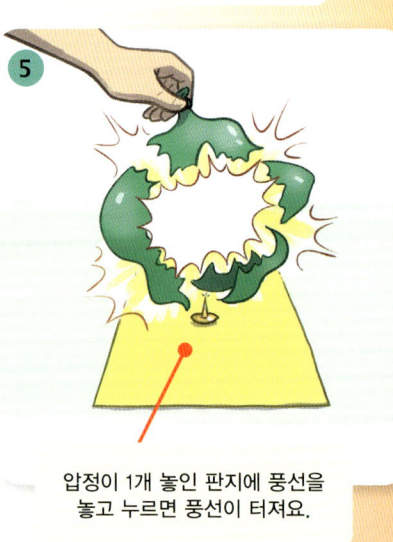

5. 압정이 1개 놓인 판지에 풍선을 놓고 누르면 풍선이 터져요.

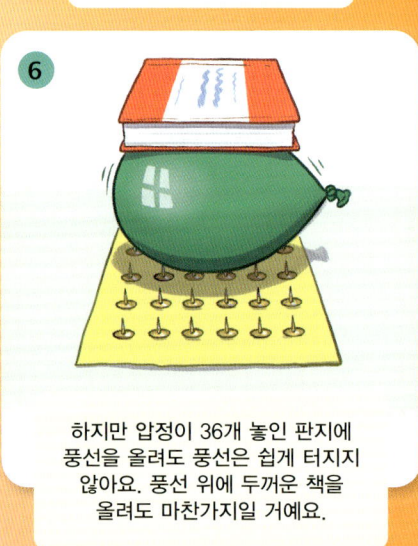

6. 하지만 압정이 36개 놓인 판지에 풍선을 올려도 풍선은 쉽게 터지지 않아요. 풍선 위에 두꺼운 책을 올려도 마찬가지일 거예요.

이런 게 필요해요! 판지 2장, 접착제, 압정 37개, 풍선 2개, 책

실험 속 원리

압력은 어떤 면적을 누르는 힘이에요. 압력을 알아보는 이 실험에서 풍선은 압정을 36개 붙인 판지 위에서보다 압정 1개를 붙인 판지 위에서 더 쉽게 터질 거예요. 그 이유는 풍선을 누르는 힘이 압정 1개의 뾰족한 점, 그러니까 아주 작은 면적에 집중돼 모이기 때문이에요. 반면 똑같은 힘이 뾰족한 압정 36개로 분산되면 풍선은 오히려 쉽게 터지지 않지요. 책을 올릴 때처럼 큰 힘으로 누르더라도 접촉하는 면적이 넓으면 힘이 고르게 퍼져 풍선을 누르기 때문에 압력은 압정을 1개 붙인 판지가 받는 압력보다도 작아요.

낙타의 발은 부드러운 모래를 디디며 먼 거리를 걸을 수 있도록 진화해 왔어요.

낙타는 걸을 때면 발가락이 편평하게 펴져 발의 표면적이 넓어져요. 덕분에 무거운 낙타는 모래에 빠지지 않고 걸을 수 있지요.

알고 있나요? 마술사들이 못이 촘촘히 박힌 침대에 누워도 다치지 않는 건 압력이 분산되기 때문이에요.

빙글빙글 돌기

운동하는 데 드는 힘의 양인 운동량은 물체의 질량에 속도를 곱한 값으로 나타내요. 직선으로 움직이는 물체는 '선 운동량'을, 회전하는 물체는 '회전 운동량'을 갖지요. 물체의 회전 운동량은 축과 얼마나 떨어져 있는지와 관련 있어요. 다음 실험에서는 회전하는 물체의 폭이 넓어지면 회전 운동에 어떤 일이 벌어지는지를 보여 줘요.

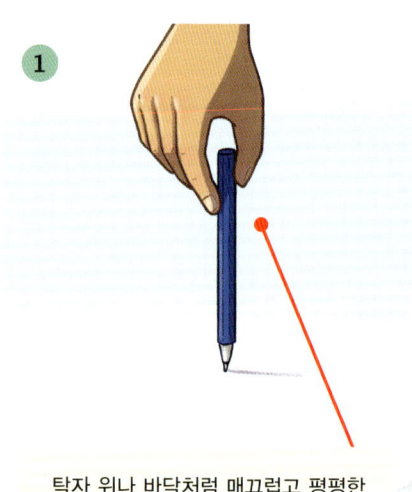

1. 탁자 위나 바닥처럼 매끄럽고 평평한 표면에 볼펜의 끝을 대고 볼펜을 세워 위쪽을 잡아요.

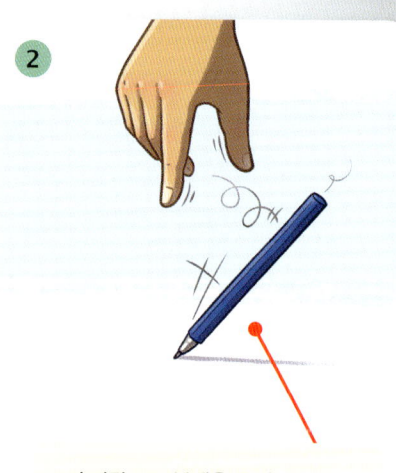

2. 손가락으로 볼펜을 돌려 보세요. 볼펜이 얼마 돌지 못하고 바닥으로 쓰러질 거예요.

> 피겨 스케이팅 선수가 팔을 몸 가까이 붙여 회전하면 회전 속도가 빨라지면서 공중으로 뛰어오를 수 있어요.

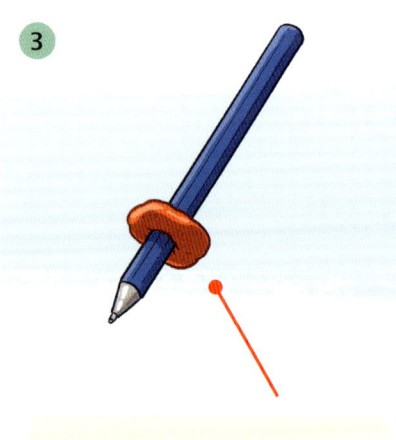

3. 똑같은 볼펜의 아래쪽에 점토를 손가락 너비 정도로 빙 둘러 붙여요.

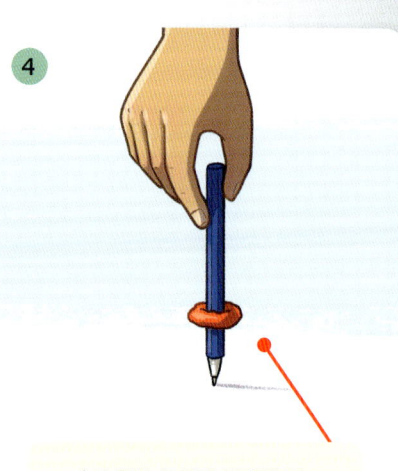

4. 다시 한번 ②처럼 볼펜을 잡고 손가락을 움직여 휙 돌려 보세요.

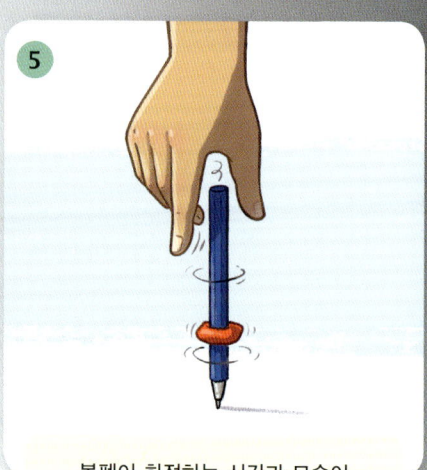

5. 볼펜이 회전하는 시간과 모습이 점토를 붙였을 때와 붙이지 않았을 때 어떻게 다른지 살펴보세요.

이런 게 필요해요! 볼펜, 점토

실험 속 원리

폭이 좁은 물체는 회전 속도는 빠르지만 운동을 제어하기 힘들어요. 반면 점토를 붙여 볼펜의 폭을 넓히면 펜이 더 오랫동안 똑바로 서서 회전해요. 회전축이 넓어지는 만큼 회전 운동량이 늘기 때문이지요. 피겨 스케이팅 선수들도 이 원리를 이용해 얼음 위에서 제자리를 빠르게 회전할 때면 팔을 몸 가까이 붙여요. 회전축의 폭을 조정해 회전 운동량을 높이는 거예요.

피겨 스케이팅 선수가 빠른 속도로 회전하려면 회전의 각 단계마다 신체 부위가 정확한 곳에 놓여야 해요.

뾰족한 끝을 바닥에 대고 회전하는 볼펜처럼 피겨 스케이팅 선수가 회전할 때면 선수의 몸무게가 스케이트의 칼날에 모여요.

알고 있나요? 바퀴가 커다란 자전거가 바퀴가 작은 자전거보다 안정적으로 움직이는 이유도 회전 운동량 때문이에요.

운동량 보존의 법칙

운동량은 속력, 방향을 함께 나타내는 속도, 질량뿐 아니라 힘을 나타내요. 그런데 두 물체가 부딪히면 한 물체의 운동량이 다른 물체의 운동량으로 옮겨 가기도 해요. 하지만 두 물체가 지니고 있던 운동량의 합은 변하지 않지요. 운동량이 어떻게 보존되는지는 간단한 실험으로도 알 수 있어요.

1. 농구공을 들고 팔을 쭉 뻗어 딱딱한 바닥에 떨어뜨려요.

2. 농구공이 얼마나 높이 튀어 오르는지 확인해요.

3. 이번에는 테니스공을 들고 똑같이 팔을 쭉 뻗어 바닥에 떨어뜨려 얼마나 튀어 오르는지 확인해요.

4. 마지막으로 친구의 도움을 받아 농구공과 테니스공을 위쪽 그림처럼 포개 비슷한 높이로 들어 올린 뒤 동시에 바닥으로 떨어뜨려요.

5. 농구공과 테니스공이 튀어 오르는 높이가 공을 각각 떨어뜨렸을 때와 어떻게 다른지 비교해 보세요.

이런 게 필요해요! 농구공, 테니스공, 실험을 함께할 친구

실험 속 원리

이 실험은 운동량은 변하지 않고 보존된다는 유명한 물리학 법칙을 알아보는 실험이에요. 운동량이 보존된다는 것은 두 물체가 부딪힐 때 각자 지니고 있던 운동량이 사라지거나 줄어들지 않고 똑같다는 의미예요. 하지만 이때 한 물체가 지닌 운동량의 일부가 다른 물체로 옮겨 가기도 하지요. 이 실험에서는 농구공이 지닌 운동량의 일부가 테니스공의 운동량으로 옮겨 가요. 그래서 두 공을 함께 떨어뜨리면 농구공은 농구공만 떨어뜨릴 때보다 낮게 튀어 오르는 반면 테니스공은 더 높게 튀어 오르지요.

놀이공원의 빙글빙글 도는 놀이 기구는 '운동량 보존의 법칙'을 활용해 엄청난 즐거움을 줘요.

범퍼카가 부딪혀 서로 튕겨 나가는 현상 역시 운동량 보존의 법칙 때문이에요.

알고 있나요? 국제 우주 정거장의 우주 비행사들은 무중력 상태에서 테니스공을 부딪히는 실험으로 운동량 보존의 법칙을 증명해 보였어요.

마찰력

마찰력은 맞닿아 있는 두 물체 사이에 작용하는 힘이자 운동에 저항하는 힘이에요. 일상생활 곳곳에서 언제나 마주하지만 크기가 작은 마찰력은 눈에 잘 띄지 않아 알아차리기 어렵지요. 하지만 큰 마찰력은 누구나 쉽게 알아챌 수 있어요. 아래 실험처럼 책장을 맞물린 책 2권이 서로를 꼭 붙든 듯 떨어지지 않는 것도 마찰력 때문이에요.

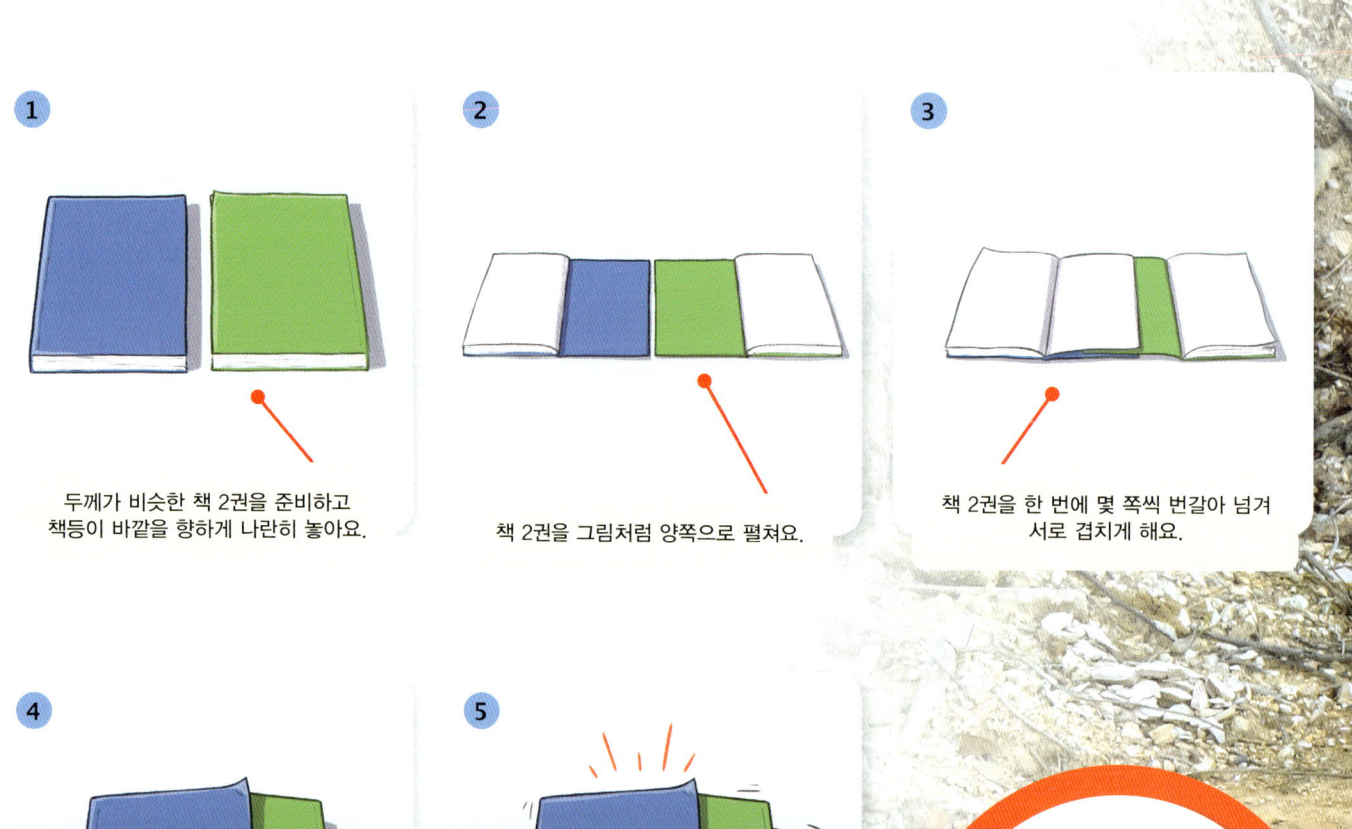

1. 두께가 비슷한 책 2권을 준비하고 책등이 바깥을 향하게 나란히 놓아요.
2. 책 2권을 그림처럼 양쪽으로 펼쳐요.
3. 책 2권을 한 번에 몇 쪽씩 번갈아 넘겨 서로 겹치게 해요.
4. 책 2권이 완벽하게 맞물리게 책장을 끝까지 넘겨요.
5. 이제 손으로 책 2권을 잡고 바깥쪽으로 힘을 줘 서로 떼어 보면 쉽게 떨어지지 않을 거예요.

자전거를 탄 사람이 브레이크를 밟으면 브레이크에 달린 고무의 마찰력이 바퀴가 돌지 못하게 막아 자전거의 속도를 늦춰요.

이런 게 필요해요! 책 2권

실험 속 원리

이 실험에서 맞물린 책 2권을 쉽게 떼어 낼 수 없는 것은 마찰력 때문이에요. 책을 떨어뜨리려고 바깥 방향으로 힘을 주지만 서로 겹쳐 둔 책장들이 미끄러지지 않게 저항하고 있지요. 책 2권의 책장을 한 번씩만 넘겨 겹치면 마찰력이 크지 않아요. 그렇게 겹친 책은 반대 방향으로 당기면 쉽게 분리되지요. 하지만 책장을 여러 번 겹칠수록 마찰력이 커지고, 힘을 세게 주어도 쉽게 떼어지지 않아요. 여러 번 겹친 책을 양손으로 잡고 밀었다 당겨 보면 마찰력이 느껴지기도 하지요.

자전거 경주 선수들은 마찰력을 이용해 속도를 조절해요. 급격하게 굽고 폭이 좁은 길은 빠르게 지나가면 위험하기 때문에 속도를 줄여야 하거든요.

알고 있나요? 엄청나게 큰 책으로 44쪽에 실린 실험을 한 적이 있는데, 책장을 모두 맞물린 뒤에는 트럭으로도 책 2권을 뗄 수가 없었어요.

시간과 운동량

두 물체가 부딪혀도 운동량의 합은 변하지 않지만 한쪽 물체가 지닌 운동량은 변해요. 그런데 이때 변하는 운동량은 두 물체가 부딪히는 시간에 따라 달라지지요. 자동차가 다른 물체와 부딪히는 순간 튀어나온 에어백이 승객과 차체가 부딪히는 속도를 느리게 만들어 승객을 보호하는 것처럼, 부딪히는 시간이 길어지면 운동량의 변화를 분산시킬 수 있어요. 이번 실험에서는 날달걀을 사용할 거예요. 천이 충격을 흡수해 달걀이 깨지지는 않겠지만 만약의 상황에 대비해 어른과 함께 실험하세요.

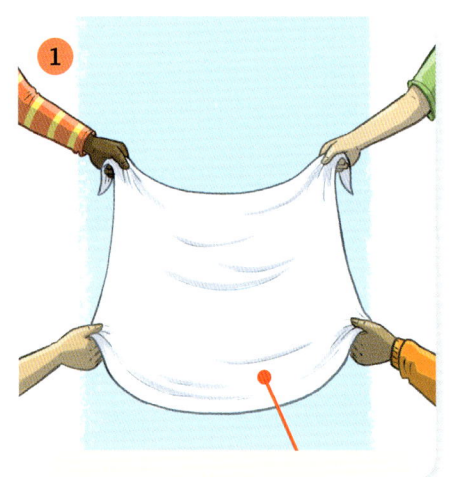

1. 식탁보가 아래로 처지도록 느슨하게 맞잡아요.

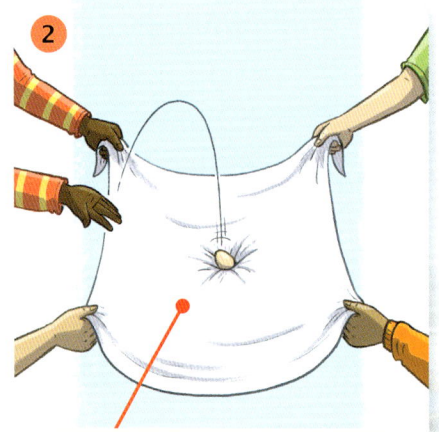

2. 달걀을 식탁보 한가운데에 던져요.

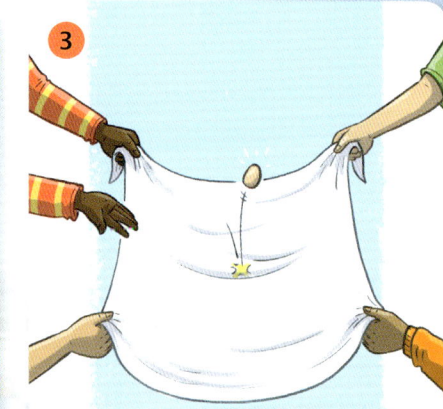

3. 식탁보가 달걀이 부딪히는 충격을 흡수하기 때문에 달걀이 깨지지 않을 거예요.

실험 속 원리

운동량은 대개 물체의 질량과 속도를 곱한 값이지만 물체가 다른 물체와 부딪히는 시간에 따라 달라져요. 만약 달걀을 벽에 던지면 달걀이 벽에 부딪히는 순간 깨져 버릴 거예요. 단단한 벽은 달걀의 운동량을 받아들여 움직이지 못하기 때문이에요. 반면 달걀을 느슨하게 잡은 천에 던지면 달걀의 운동량이 천으로 옮겨 가고, 천이 아래로 늘어나면서 부딪히는 시간이 길어요. 그와 동시에 부딪히는 힘이 분산되기 때문에 달걀이 깨지지 않지요.

이런 게 필요해요! 커다란 천이나 식탁보, 달걀 1개, 실험을 함께할 친구들

식탁보에 던진 달걀과 마찬가지로 담요가 유연하게 늘어나 부딪히는 시간이 길어지기 때문에 담요 위에 던져진 사람은 다치지 않아요.

미국 알래스카에 사는 이누이트족은 '담요에 사람 던지기' 같은 전통 놀이를 즐겨 해요.

알고 있나요? 테니스의 드롭 샷 기술이나 축구의 트래핑 기술은 시간에 따라 달라지는 운동량을 응용한 기술이에요.

제3장 빛과 소리

빛과 소리

우리는 여러 가지 감각 중에서도 주로 시각과 청각에 의존해 주변 세계를 이해해요. 그래서 빛과 소리를 이용한 과학 실험들은 특히 흥미롭지요. 시각과 청각 모두 파동의 형태로 이동하기 때문에 파동을 알면 빛과 소리의 비밀을 더욱 잘 이해할 수 있어요.

파동의 수수께끼

우리가 보거나 듣는 모든 것은 에너지의 파장과 주파수예요. 파동에서 같은 높이를 가진 두 점 사이의 거리인 파장, 파동이 1초 동안 진동하는 횟수인 주파수에 따라 사물의 색이 변하고 음의 높낮이가 달라지지요. 소리와 빛의 파동은 물체와 부딪히거나 물체를 통과하면서 꺾이거나 반사돼요. 빛이나 소리가 상대적으로 좁은 곳에서 꺾이거나 반사되면 한곳에 집중돼 강해지기도 하지요. 또, 우리가 보고 듣는 빛이나 소리는 빛이나 소리의 근원이 다가오고 있는지 또는 멀어지고 있는지에 따라서도 달라져요. 이렇게 소리나 빛이 왜곡되면 우리는 대개 혼란스러워하며 보고 들은 것들을 의심하게 되지요. 앞으로 소개할 실험들은 이런 의문에 대한 답을 찾는 과정이기도 해요.

알고 있나요? 빛은 소리보다 약 90만 배 빨라요. 그래서 천둥 번개가 치면 번쩍이는 번개가 먼저 보인 뒤 천둥소리가 들리지요.

음악

음악과 같은 예술 분야는 과학, 수학과 전혀 다르고 상관없어 보이지만 아름다운 음악에는 언제나 수학과 과학이 담겨 있어요. 음악은 기본적으로 소리가 모여 만들어지는데, 소리를 이루는 음파는 진동을 받아서 생기는 파동이기 때문이에요. 집에서도 아주 간단한 방법으로 음파를 만드는 실험을 해 볼 수 있지요.

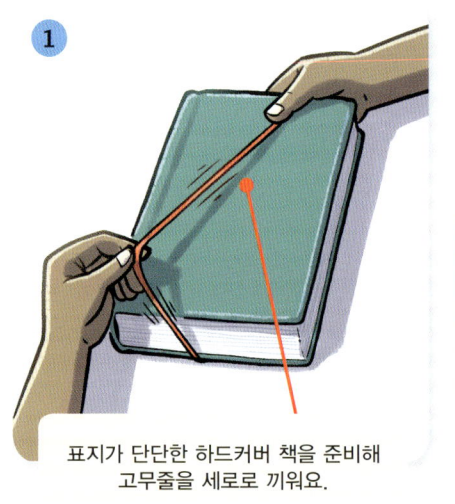

1. 표지가 단단한 하드커버 책을 준비해 고무줄을 세로로 끼워요.

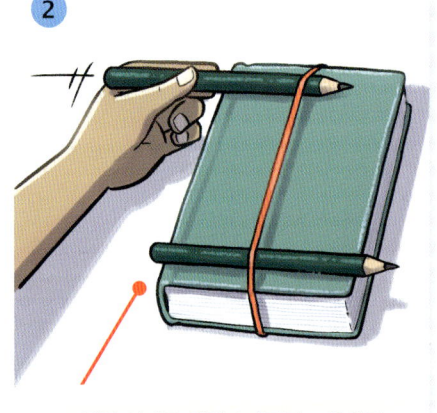

2. 고무줄 아래로 연필 2자루를 그림처럼 책 위쪽과 아래쪽에 하나씩 끼워요.

우리 목의 성대도 악기의 현과 마찬가지로 진동하면서 서로 다른 소리를 내요.

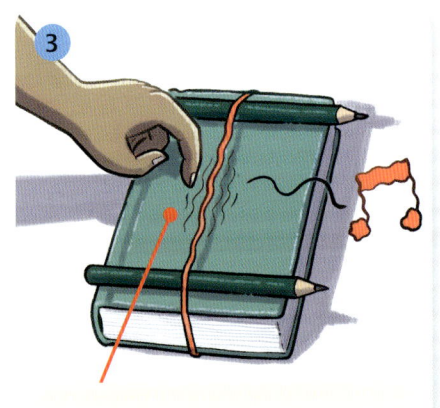

3. 그 상태에서 고무줄을 살짝 올렸다가 튕기면 악기처럼 소리가 나요.

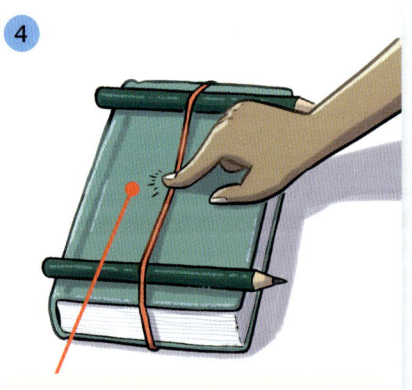

4. 고무줄 중간을 손가락으로 단단히 눌러 고정시켜요.

5. ③처럼 고무줄을 튕겨 보면 아까와는 다른 높이의 소리가 나지요.

이런 게 필요해요! 표지가 단단한 하드커버 책, 고무줄, 연필 2자루

마이크는 소리를 증폭시키는 기계예요. 하지만 소리의 세기를 키울 뿐 소리의 높낮이를 바꾸지는 못해요.

실험 속 원리

이 실험에서 고무줄은 기타 줄과 같아요. 실험의 ④단계처럼 고무줄의 길이를 절반으로 줄이고 퉁기면 더 높은 음이 나는 것도 기타와 똑같지요. 이때 나는 소리는 고무줄 전체를 퉁겼을 때 나는 소리보다 한 옥타브가 높아요. 고무줄 길이가 절반이 되면 음파가 2배 빠르게 진동하고, 이 음파가 우리 귀에는 한 옥타브 높은 음으로 들리지요.

알고 있나요? 하프는 현마다 길이가 달라요. 그래서 연주자가 현을 눌러 길이를 조정하지 않아도 서로 다른 음을 내지요.

빛의 반사

거울이 사물의 모습을 비추는 건 빛의 특성 때문이에요. 인간이 볼 수 있는 빛인 가시광선은 빨강, 주황, 노랑, 초록, 파랑, 남색, 보라와 같은 다양한 색깔을 담고 있어요. 이 모든 색이 합쳐져 하얀빛이 되지요. 우리가 보는 물체의 색은 그 물체가 반사하는 색과 같아요. 예를 들면, 주황색 당근은 다른 빛을 흡수하고 주황빛을 반사하기 때문에 주황색으로 보여요. 물체가 빛을 반사해 색을 띠는 원리는 집 어디에서나 할 수 있는 간단한 실험으로도 알 수 있지요.

이 실험에서는 불을 끄거나 커튼을 쳐 방을 최대한 어둡게 만들어요.

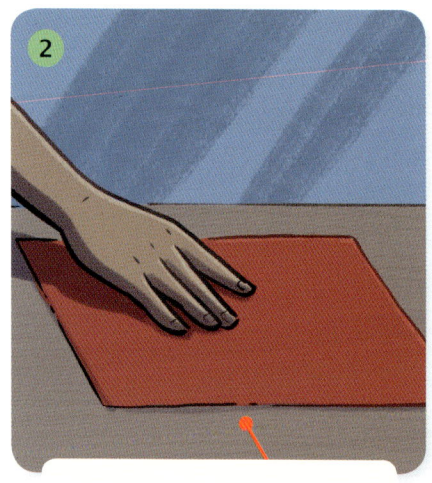

탁자 위에 하얀색이 아닌 색 판지를 올려놓아요.

탁자에서 약간 떨어진 곳에 서서 판지 위에 손전등을 비춰요.

손전등을 끈 뒤 친구가 손전등 반대편에서 하얀 종이를 들고 있게 해요.

다시 손전등을 비추면 하얀 종이에 판지의 색이 보여요.

이런 게 필요해요! 하얀색이 아닌 색 판지 1장, 하얀 종이 1장, 손전등, 실험을 함께할 친구

나무가 초록색으로 보이는 건 초록빛을 반사하기 때문이에요. 실험에서 판지의 색이 반사되어 보이는 것과 마찬가지이지요.

잔잔한 물은 마치 거울처럼 주변의 모든 색을 반사해요.

실험 속 원리 거울은 모든 색과 빛을 반사해 거울에 상을 만들어 내요. 이때 반사되는 빛이 우리 눈에는 그 물체의 색으로 보이지요. 예를 들면, 빨간 사과는 빨간빛을 반사하고 다른 빛은 모두 흡수하기 때문에 빨갛게 보여요. 이 실험에서도 마찬가지예요. 색 판지에 전등을 비추면 색 판지의 빛깔이 반사돼 하얀 종이에 나타나요.

알고 있나요? 글자를 써 거울 앞에서 들면 반사된 이미지가 거꾸로 쓰인 글자를 보여 줘요.

음파의 세계

음파가 움직이다 다른 물체와 부딪히면 세기가 변해요. 대개 소리가 작아질 거라고 예상하기 쉽지만 부딪힌 물체가 같은 주파수로 음파를 반사하면 소리는 더 커지지요. 또, 음파가 휘어진 면에 반사되면 한곳에 모이면서 더 커지기도 해요. 음파가 반사되면서 커지는 현상은 간단한 실험으로도 알 수 있어요.

우산 2개를 약 6미터 간격으로 펼쳐 두어요. 이때 우산 손잡이가 서로 가깝게 놓아요.

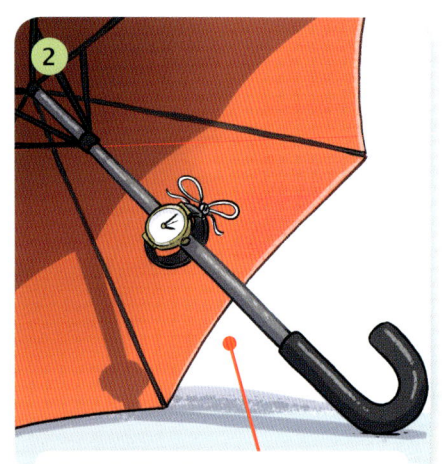

우산 손잡이에서 약 40센티미터 위에 손목시계를 끈으로 묶어요.

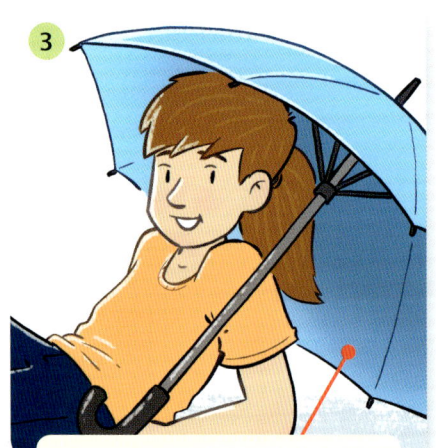

다른 우산 안쪽에 머리가 들어가게 몸을 누여 보세요. 이때 귀가 반대편 우산 속 손목시계가 묶인 높이에 오게 몸의 위치를 조정해요.

어떤 소리가 나는지 귀를 기울여 들어 보세요. 손목시계가 똑딱거리는 소리가 무척 선명하게 들릴 거예요.

이런 게 필요해요! 우산 2개, 초침 소리가 나는 손목시계, 끈

실험 속 원리

손목시계가 내는 똑딱똑딱 소리는 시계 부품이 움직이며 만들어지는 특정 주파수의 음파예요. 이처럼 물체들은 자신만의 고유한 주파수를 지니는데, 이것을 '고유 진동'이라고 하지요. 그런데 한 물체가 내는 소리가 비슷한 고유 진동을 가진 다른 물체에 닿으면 소리가 엄청나게 커지는 현상이 일어나요. 이러한 소리의 증폭을 '공명'이라고 하지요. 이 실험에서 손목시계의 소리는 우산 안쪽에 부딪혀 공명 현상을 일으켜요. 그리고 우산의 휘어진 표면에 소리가 모이면서 더 커져 반대쪽 우산으로 전해지지요.

시계의 똑딱 소리는 빗방울이 물웅덩이에 떨어지는 똑똑 소리와 비슷해요.

빗방울이 물웅덩이에 떨어져 동심원을 그리며 파동을 전하는 것처럼 음파도 비슷한 방식으로 바깥을 향해 퍼져 나가요.

알고 있나요? 공명 현상이 커지면 진동도 점점 커져서 유리를 산산조각 내기도 해요.

도플러 효과

쌩쌩 달리는 경주 자동차의 소리에 귀를 기울여 보세요. 분명 똑같은 소리이지만 자동차가 멀어질수록 소리가 작게 들리는 데다 낮게 들릴 거예요. 이런 현상을 '도플러 효과'라고 하지요. 이 현상은 같은 소리라도 멀어질수록 파장이 길어지고, 가까워질수록 파장이 짧아지기 때문에 일어나요. 아주 간단한 실험으로 도플러 효과를 알아보세요.

1. 길이가 2미터 정도인 고무호스를 준비하고, 호스 한쪽 끝에 딱 맞는 깔때기를 끼워요.

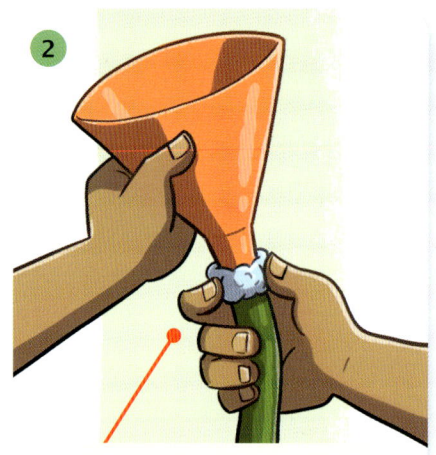

2. 깔때기 끝에 점토를 둘러 깔때기를 단단히 고정시켜요.

3. 입에 호루라기를 꽉 물어요.

4. 입을 호루라기 끝에 달린 깔때기에 가져다 대요.

5. 호루라기를 불면서 고무호스를 그림처럼 휙휙 돌려 보세요.

6. 친구에게 고무호스의 위치에 따라 소리가 어떻게 달라지는지 들어 보라고 하고, 순서를 바꿔 여러분도 소리의 차이를 자세히 들어 보세요.

이런 게 필요해요! 깔때기, 길이 2미터의 고무호스, 점토, 호루라기, 실험을 함께할 친구

실험 속 원리

고무호스가 가까워졌다 멀어지며 호루라기 소리의 높낮이도 오르락내리락할 거예요. 이것이 바로 도플러 효과이지요. 음파는 물웅덩이의 잔물결처럼 소리가 나는 곳에서 퍼져 나가요. 그래서 고무호스가 가까워지면 파동이 모이면서 파장이 줄어들고 소리가 높아져요. 반대로 고무호스가 멀어지면 파동이 분산되면서 파장이 늘어나고 소리가 실제보다 낮게 들리지요.

경주 자동차가 트랙을 빠르게 지나갈 때 구경하는 사람들이 듣는 소리는 일정하지 않고 높낮이가 바뀌어요. 도플러 효과예요.

반면 운전자가 듣는 자동차 소리는 경주 내내 똑같아요. 실험에서 고무호스를 돌리는 사람이 듣는 호루라기 소리도 똑같을 거예요.

알고 있나요? 도플러 효과는 빛에도 적용되는데, 그 때문에 빛이 멀어질수록 붉은빛을 띠어요. 천체 물리학에서는 이 원리를 이용해 항성이 움직이는 속도를 측정하지요.

빛의 굴절

빛은 다른 물체에 부딪혀 경로가 바뀌지 않는 한 직선으로 움직여요. 지구에 도달하는 햇빛도 마찬가지이지요. 직선으로 움직이는 빛이 물체에 부딪혀 나아가는 방향이 반대로 바뀌는 현상은 '반사'라고 해요. 또, 빛이 다른 물질을 통과하면서 방향이 바뀌거나 휘고 구부러지는 현상을 '굴절'이라고 하지요. 빛이 휘는 굴절 현상을 관찰하려면 어두운 곳에서 실험해야 해요.

1. 신발 상자에서 좁은 면의 한가운데 아래에 가위나 칼로 가로 0.5센티미터, 세로 5센티미터인 구멍을 오려 내요.

2. 옆면이 편평하고 투명하며 신발 상자에 들어갈 크기의 병에 물을 채우고, 물이 새지 않게 뚜껑을 닫아요.

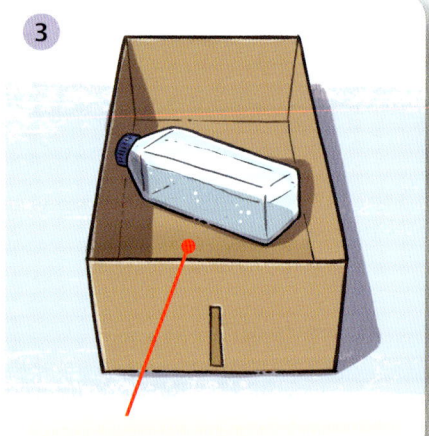

3. 물을 채운 병을 그림처럼 비스듬하게 눕혀 신발 상자에 넣어요.

4. 커튼을 치거나 불을 꺼서 방을 최대한 어둡게 해요.

5. 손전등을 켜고 신발 상자 바깥쪽에서 구멍 안쪽으로 비춰요.

6. 빛이 물병을 통과하며 휘고 구부러지는 굴절 현상을 관찰해 보세요.

이런 게 필요해요! 신발 상자, 가위나 칼, 옆면이 편평하고 투명한 물병, 물, 손전등

실험 속 원리

이 실험에서는 빛이 병 안에 든 물을 통과하면서 굴절되는 모습을 관찰할 수 있어요. 방을 최대한 어둡게 하고 손전등을 신발 상자 위쪽에서 아래로 비추면 빛의 굴절 현상을 더 잘 볼 수 있지요. 이 실험은 아주 간단하지만 빛이 움직이면서 굴절한다는 결정적인 증거이기도 해요. 그런데 빛이 구부러지는지 아닌지, 얼마나 구부러지는지는 빛이 통과하는 물질에 따라 달라져요. 수영장에서 수영장 바닥이 실제보다 얕아 보이는 것도, 수영장 물속에 담근 다리가 더 굵어 보이는 것도 모두 빛이 물을 통과하면서 굴절되기 때문에 일어나는 현상이에요.

실험의 물병은 프리즘과도 같아요. 프리즘은 빛을 굴절시키고 분산시키는 데 쓰이는 투명한 유리나 수정 다면체이지요.

프리즘은 우리 눈에 하얗게 보이는 빛을 무지개 빛깔로 분산시켜요.

알고 있나요? 투명한 컵에 물을 담고 숟가락을 담그면 굴절 현상 때문에 숟가락이 쪼개진 것처럼, 또는 휘어진 것처럼 보여요.

소리의 진동

음파는 모두 진동으로 이루어져 있고, 소리의 높낮이는 음파가 진동하는 속도인 진동수에 따라 달라져요. 기타는 줄을 진동시켜 소리를 만들어 내는 악기인데, 서로 다른 소리를 낼 때는 줄의 길이를 다르게 해 진동수를 바꿔요. 진동수와 소리의 관계는 풍선을 이용한 아래의 실험으로도 알 수 있지요.

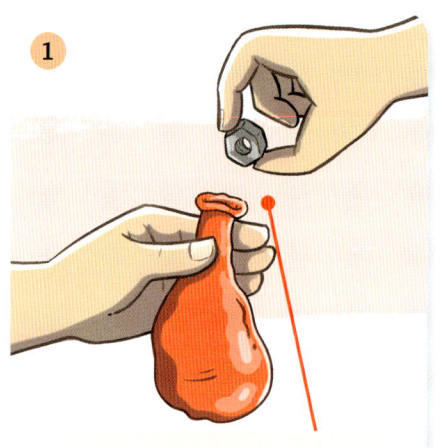

1. 바람을 불지 않은 풍선 안쪽에 너트 1개를 집어넣어요.

2. 안에 너트를 넣어 둔 채 풍선에 바람을 불어서 끝을 묶어요.

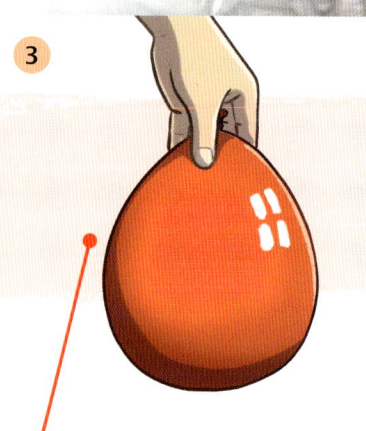

3. 매듭이 있는 풍선 끄트머리를 손으로 감싸 잡아요.

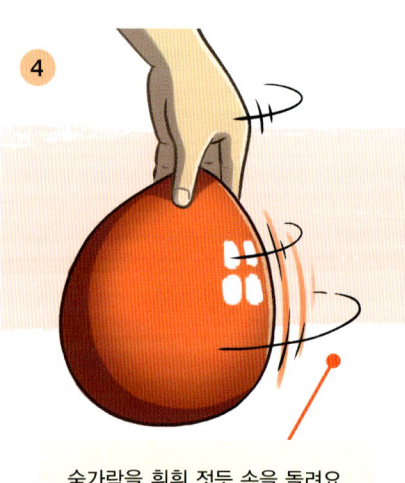

4. 숟가락을 휘휘 젓듯 손을 돌려요.

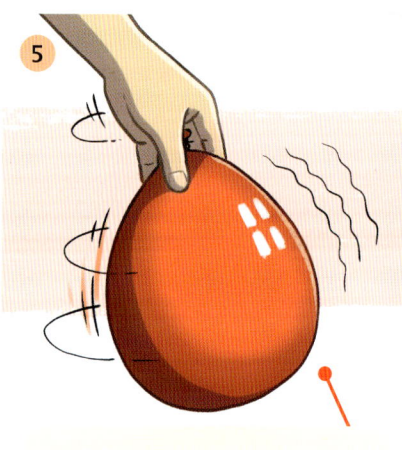

5. 풍선에서 윙윙대는 으스스한 소리가 날 거예요.

6. 그러다 풍선을 돌리는 속도를 늦추면 소리가 낮아져요.

이런 게 필요해요! 풍선, 금속 너트

사람은 풍선에서 들리는 윙윙 소리는 들을 수 있지만 박쥐가 끽끽거리는 소리처럼 주파수가 높은 소리는 들을 수 없어요.

박쥐는 주파수가 높은 소리를 내보낸 뒤 사물에 반사돼 되돌아오는 소리를 듣고 사물이 얼마나 떨어져 있는지 알아내요.

실험 속 원리

이 풍선 실험에는 2가지 원리가 담겨 있어요. 우선 진동이 만들어 내는 음파를 확인할 수 있는데, 부풀린 풍선을 휘휘 돌리면 그 안에 있는 금속 너트가 풍선 안쪽 면을 스치며 진동을 만들어 내요. 그 진동이 우리 귀에는 윙윙 소리로 들리지요. 한편 풍선 돌리는 속도를 바꾸면 소리의 높낮이가 달라져요. 풍선을 빨리 돌리면 너트가 풍선 안쪽 면을 스치는 횟수가 늘어나면서 진동수가 많아지고, 더 높은 소리가 나지요. 반대로 풍선을 느리게 돌리면 진동수가 적어져 더 낮은 소리가 날 거예요.

알고 있나요? 잠수함은 박쥐처럼 바다 밑으로 음파를 내보낸 뒤 튕겨져 나오는 음파를 통해 바다가 얼마나 깊은지 측정해요.

뛰어난 청각

음파는 소리가 나는 곳에서 멀어질수록 약해져요. 그래서 멀리서 손을 흔들며 소리치는 사람을 볼 수는 있어도 들을 수는 없지요. 하지만 인간의 뇌는 양쪽 귀를 최대한 활용해 소리가 나는 곳을 정확히 알아내려고 해요. 거리를 늘려 가며 소리를 들어 보는 실험으로 사람의 뇌가 거리를 가늠하는 방식에 대해 알아보세요.

1. 주변에 소음이 적고 넓은 바깥 공간을 친구들과 함께 찾아가세요. 공원 같은 곳이 좋을 거예요.

2. 소리를 얼마나 떨어져 들을지 정한 뒤 줄자로 거리를 재서 마스킹 테이프나 분필로 바닥에 표시해요.

3. 소리를 들을 친구는 안대로 눈을 가리고 한쪽 귀를 막아요.

4. 다른 친구가 책장을 펼쳤다가 세게 닫고, 소리를 듣는 친구는 소리가 얼마나 멀리 떨어져 났는지 추측해요.

5. 여러 친구들과 다양한 거리에서 소리를 들어 봐요.

6. 한쪽 귀로만 듣는 실험이 끝나면 이제 똑같은 소리를 양쪽 귀로 듣는 실험을 해 보세요.

이런 게 필요해요! 줄자, 분필이나 마스킹 테이프, 안대, 책, 실험을 함께할 친구들

올빼미의 접시 같은 얼굴은 마치 위성 안테나처럼 소리를 양쪽 귀로 고르게 전달해요.

올빼미는 청각이 무척 뛰어나요. 유연한 머리를 돌려 가며 양쪽 귀로 소리를 듣고, 소리가 어디에서 들려오는지 정확하게 알아내지요.

실험 속 원리

이 실험에서 안대로 눈을 가리고 있다고 해도 소리가 나는 곳이 얼마나 멀어지고 있는지, 한쪽 귀로 들을 때와 양쪽 귀로 들을 때 소리가 어떻게 다른지 분명히 알 수 있어요. 사람의 뇌는 소리를 들을 때면 초강력 슈퍼컴퓨터처럼 작동해서, 소리가 귀에 닿기까지 시간이 얼마나 걸리는지, 멀리서 들리는 소리가 얼마나 작아지는지도 알고 있지요. 또, 양쪽 귀에 도달하는 소리의 속도와 크기가 지니는 미세한 차이도 감지해요. 뿐만 아니라 양쪽 귀에 다르게 들리는 소리의 속도와 크기를 비교해 소리가 어디에서 들려오는지를 가늠하지요.

알고 있나요? 올빼미는 양쪽 귀의 높이가 달라요. 그 차이를 이용해 소리가 나는 곳이 얼마나 높이 있는지 알아내지요.

빛의 속임수

빛은 물질을 통과하며 반사되거나 굴절돼 방향이 바뀌거나 휘어져요. 그런데 빛은 굴절과 달리 정말 '휘어져' 이동하기도 해요. 이 실험에서는 흐르는 물을 따라가는 빛에 대해 알아보고, 이런 현상을 어떻게 설명할 수 있을지 생각해 볼 거예요. 실험에 사용하는 물 때문에 바닥이 젖을 수 있으니 부모님이나 어른에게 먼저 허락받은 뒤 함께 실험하세요.

 꼭 어른과 함께 실험하세요!

1. 먼저 어른에게 물을 이용한 실험을 해도 될지 물어보고 함께해 달라고 말하세요. 또한 이 실험은 어두운 곳에서 해야 해요.

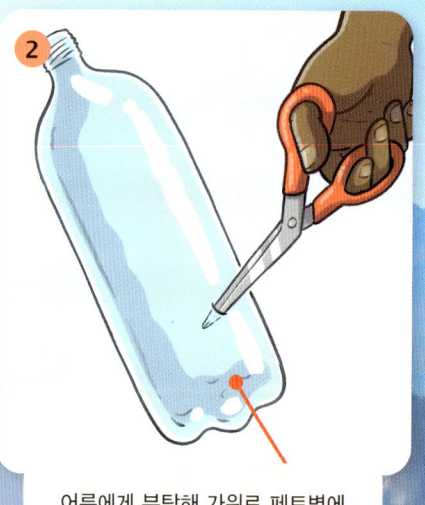

2. 어른에게 부탁해 가위로 페트병에 지름이 2밀리미터인 구멍을 뚫어요.

3. 페트병을 개수대로 가져가 손가락으로 구멍을 막고 페트병에 물을 채워요.

4. 친구에게 부탁해 개수대와 가까운 바닥에 물이 담길 만한 대야를 놓아 둬요.

5. 방의 불을 끄고 페트병에 뚫은 구멍 반대편에서 손전등을 비춰요.

6. 페트병을 막고 있던 손가락을 떼면 페트병의 구멍에서 물이 흘러나오고, 빛이 물을 따라 흐르는 것처럼 보여요.

64 **이런 게 필요해요!** 빈 페트병, 가위 또는 송곳, 물, 대야, 손전등, 실험을 함께할 친구

실험 속 원리

빛은 물체와 부딪히지 않는 한 직선으로 곧게 움직여요. 하지만 이 실험에서는 놀랍게도 곡선으로 움직이는 것처럼 보여요. 이런 현상은 빛의 반사로 일어나지요. 손전등에서 나온 빛의 일부가 흐르는 물 안쪽에 반사돼 물을 따라 휘어지면서 바닥으로 떨어지기 때문이에요. 과학자와 공학자 들은 반사되는 빛의 특성을 활용해 초고속 인터넷과 같은 통신에 쓰이는 '광케이블'을 개발했어요. 광섬유로 만들어져 사람 머리카락만큼 가느다란 광케이블은 대개 대량의 정보를 멀리 보내는 데 쓰이지요.

> 페트병에서 흐르는 물처럼 사막에서 솟아오르는 뜨거운 공기도 빛을 왜곡시켜요.

> 사막에서 일어나는 빛의 왜곡이 바로 '신기루'예요. 빛이 왜곡되어 앞에 물이 있는 것처럼 보이지요.

알고 있나요? 광케이블 안에 빛을 쏘면 빛은 내부에서 계속 반사되며 빠르게 통과해요.

빛을 굴절시키는 렌즈

빛은 곧게 뻗어 나가지만 한 물질을 지나 다른 물질로 이동할 때는 다른 성질을 띠기도 해요. 그래서 공기를 지나다가 렌즈처럼 투명하고 표면이 휘어진 물질을 지나면 굴절되거나 휘어지지요. 이때 평행하고 곧게 나아가던 빛이 휘어지며 안쪽으로 모여 한 초점에서 만나게 돼요. 초점을 지난 뒤에는 다시 지나가던 길로 뻗어 나가고요. 이번 실험에서는 빛이 초점에 닿고 초점을 지나갈 때 일어나는 현상을 보여 줘요.

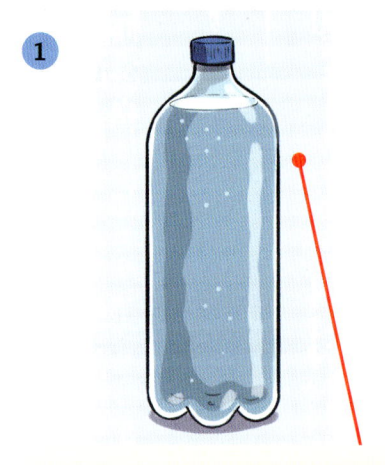

1. 페트병에 물을 가득 채우고 탁자 위에 올려 두어요.

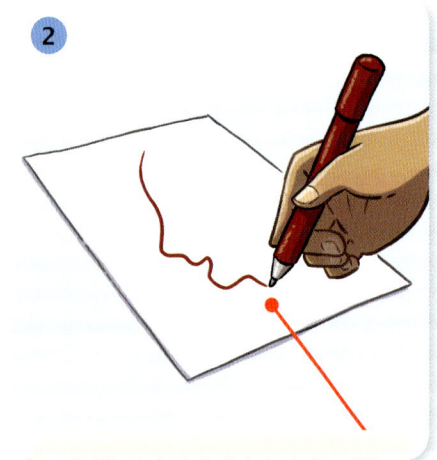

2. 빳빳한 판지 위에 사람의 옆얼굴 선을 그려 보세요.

3. 그린 얼굴선을 친구들에게 보여 주고 어느 쪽 얼굴인지 물어봐요.

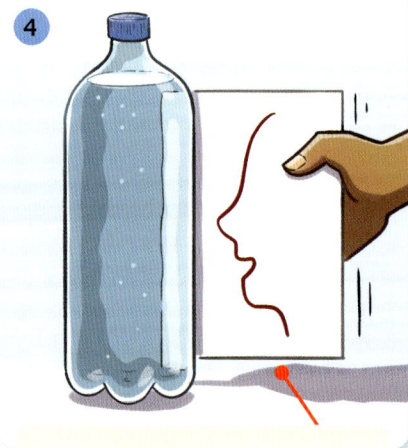

4. 얼굴선을 그린 판지를 물로 채운 페트병 뒤쪽으로 가져가요.

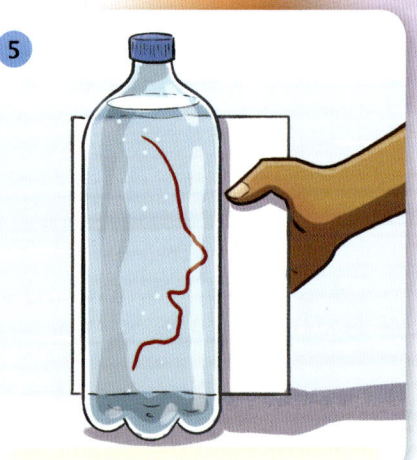

5. 페트병 앞쪽에서 보면 판지에 그려진 얼굴선의 방향이 좌우가 뒤바뀌어 보일 거예요.

이런 게 필요해요! 길쭉하고 투명한 페트병, 판지, 펜, 물, 실험을 함께할 친구들

실험 속 원리

빛은 페트병의 휘어진 앞면을 지나며 속도가 초속 22만 5,000킬로미터로 느려지기 때문에 굴절돼요. 그런데 곧게 뻗는 빛이 곡선으로 된 페트병의 어느 부분에 부딪히는지에 따라 빛과 페트병이 이루는 각도가 달라지고, 빛이 굴절되는 각도도 서로 달라져요. 그래서 페트병의 왼쪽으로 들어간 빛은 오른쪽으로 꺾인 뒤에 쭉 뻗어 나가고, 오른쪽으로 들어간 빛은 왼쪽으로 꺾인 뒤 뻗어 나갈 거예요. 이렇게 페트병의 곡면 구석구석에서 꺾여 들어간 빛이 안쪽의 한 점에서 결국 모이고, 그런 뒤에 다시 뻗어 나가 좌우가 바뀐 이미지를 만들어 내지요.

물이 든 페트병과 마찬가지로 나뭇잎 위에 반짝이는 이슬방울도 렌즈와 같아서 물체의 상이 거꾸로 맺혀요.

렌즈 같은 이슬방울을 통해 이슬방울 뒤쪽에 있는 꽃을 보면 꽃의 상이 뒤집혀 보여요.

알고 있나요? 우리 눈의 수정체도 렌즈와 같아서 물질의 상이 거꾸로 맺혀요. 하지만 수정체 뒤에 있는 망막이 뒤집힌 상을 원래대로 되돌려 놓지요.

제4장 열기와 냉기

열기와 냉기

원자처럼 아주 작은 물질에서부터 지구 전체에 이르기까지 모든 물질이 움직이고 변하는 방식은 근본적으로 온도와 관련되어 있어요. 예를 들면, 녹았다 얼기를 반복하는 극지방의 빙하는 전 세계적으로 영향을 끼치는 아주 커다란 변화예요. 하지만 이런 변화조차도 사실은 아주 미세한 물 분자들이 짧은 시간 동안 얼마나 움직이는지에 달려 있지요.

변화와 움직임

열은 에너지의 한 형태로, 대개 한 물질에서 다른 물질로 전해져요. 예를 들면, 오븐은 뜨거운 열을 액체 상태의 반죽으로 전달하고, 열을 전달받은 반죽이 뜨거워지며 고체 상태의 케이크가 되지요. 또, 겨울에 창문을 열면 열이 밖으로 빠져나가 방이 추워지고요. 열에너지는 액체나 고체, 기체 안에 있는 원자, 이온, 분자 같은 아주 작은 물질들이 움직이면서 만들어져요. 이때 물질 사이에 온도가 다르면 열이 한 물질에서 다른 물질로 흐르지요. 그래서 열은 곧 '열에너지의 전달'이라고 볼 수 있어요. 냉기는 단순히 열이 없는 상태를 말해요. 무언가가 차가워졌다는 것은 열을 잃었다는 의미이지요. 열에너지의 이동은 날씨의 변화와 녹는 아이스크림처럼 우리 생활에서 끊임없이 일어나요.

알고 있나요? 2019년, 러시아 과학자들이 털이 손상되지 않은 채 1만 8,000년 동안 꽁꽁 얼어 있던 개의 사체를 발견했어요. 개인지 늑대인지는 확실히 밝혀지지 않았지만 이 동물에게 친구라는 뜻의 '도고르'라는 이름을 붙였지요.

멋진 결정

결정은 원자, 이온, 분자 등이 일정한 법칙에 따라 규칙적으로 배열되면서 만들어져요. 몇몇 결정은 무척 아름다워서 값비싼 보석이 되기도 하지요. 결정은 녹아 있는 암석이 열을 잃어 단단해지거나 결정 성분이 녹아 있는 용액에서 액체가 증발하는 것처럼 대개 물질이 열을 받거나 잃는 과정에서 만들어져요. 이런 과정을 통해 누구나 멋진 결정을 만들 수 있는데, 불을 쓰는 실험이니 반드시 어른과 함께하세요.

 꼭 어른과 함께 실험하세요!

1

우묵한 냄비에 설탕 400그램과 물 250밀리리터를 계량해 넣고 섞어요.

2

어른에게 부탁해 냄비를 불 위에 올리고 설탕이 녹을 때까지 잘 저어요.

3
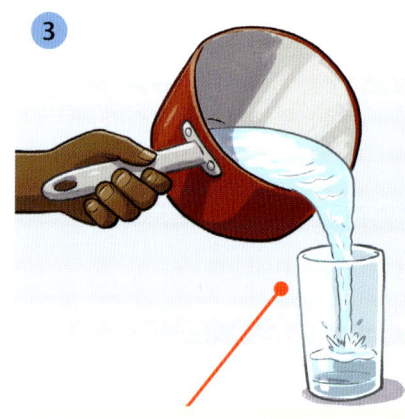
어른에게 부탁해 녹은 설탕을 내열 유리컵에 붓고 식을 때까지 둬요.

4
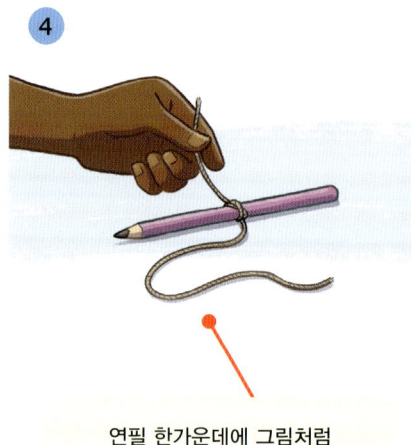
연필 한가운데에 그림처럼 길이 약 15센티미터의 끈을 묶어요.

5
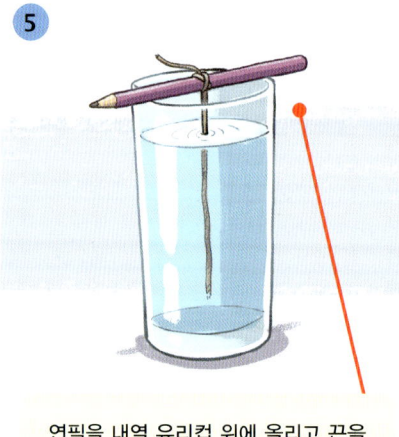
연필을 내열 유리컵 위에 올리고 끈을 액체 안으로 내려요.

6

며칠이 지나면 끈에 설탕 결정이 달라붙기 시작할 거예요.

이런 게 필요해요! 설탕, 물, 저울, 나무 주걱, 냄비, 내열 유리컵, 끈, 연필

이 실험으로 만들어지는 설탕 결정처럼 암석도 극심한 온도 변화를 겪어 아름다운 결정으로 변해요.

이 결정에는 가열과 냉각을 거치면서 한동안 '얼어붙어' 있던 모습이 그대로 담겨 있어요.

실험 속 원리

설탕은 미지근한 물보다 뜨거운 물에 더 많이 녹아요. 하지만 설탕이 녹아 있는 뜨거운 물이 식으면 물 안에 담길 수 있는 설탕의 양이 적어지지요. 그래서 녹아 있던 설탕 일부가 다시 고체로 변해 뭉치면서 끈에 달라붙는 거예요. 고체가 된 설탕 분자가 일단 끈에 붙기 시작하면 다른 설탕 분자들도 뒤따라 끈에 달라붙으면서 설탕 결정이 만들어져요.

알고 있나요? 눈송이는 구름에서 만들어진 얼음 결정이에요.

물의 증발

모든 물질이 그렇듯 물도 고체, 액체, 기체 가운데 한 가지 상태로 존재해요.
물의 상태는 압력에 따라 변하기도 하지만 대개 열에 따라 달라지지요.
물은 열을 얻으면 고체인 얼음에서 액체인 물로, 다시 기체인 수증기로 변해요.
반대로 열을 잃으면 수증기에서 물로, 물에서 얼음으로 변하지요.
물의 상태가 변하는 실험을 해 보려면 날씨가 시원하거나 춥고
맑은 날을 고르세요!

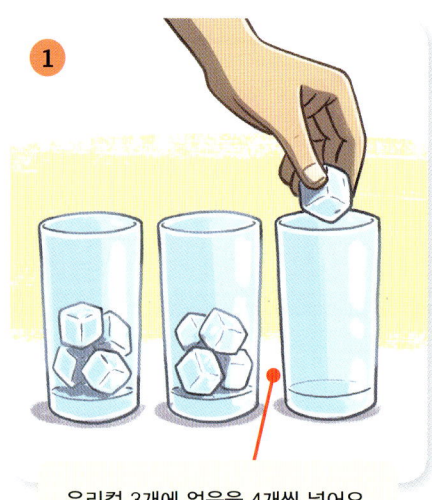

1. 유리컵 3개에 얼음을 4개씩 넣어요.

2. 첫 번째 유리컵은 햇볕이 잘 드는 창틀 안쪽에 두고, 두 번째 유리컵은 그늘에 둬요.

3. 세 번째 유리컵은 창 바깥쪽에 둬요.

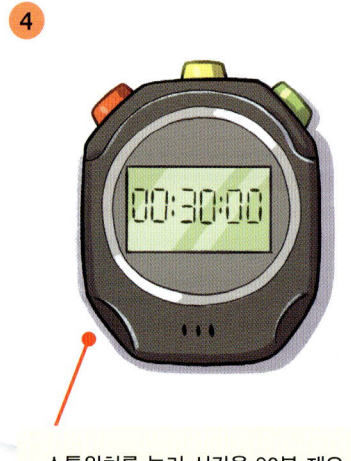

4. 스톱워치를 눌러 시간을 30분 재요.

5. 각 유리컵 위쪽의 창문이 어떻게 변했는지 실험 전과 비교해 보세요.

이런 게 필요해요! 유리컵 3개, 얼음 12개, 스톱워치

실험 속 원리

따뜻한 공기는 대개 차가운 공기보다 더 많은 물을 수증기의 형태로 머금고 있어요. 따라서 차가운 창밖 공기에는 수증기가 적게 들어 있지요. 그래서 창문 밖에 놓인 유리컵 속 얼음은 시간이 지나도 거의 녹지 않아요. 반면 집 안은 따뜻하기 때문에 얼음이 녹아 물의 일부가 수증기로 변해요. 그 수증기가 차가운 유리창에 닿으면 다시 액체로 변해서 유리창에 물방울로 맺히지요. 한편 그늘에 놓인 유리컵에는 햇볕이 적게 들기 때문에 수증기가 적게 만들어지고, 유리창에 맺히는 물방울도 적어요.

물방울이 맺혀 김이 뿌옇게 서린 창문에 손가락으로 그림을 그리거나 글씨를 쓸 수 있어요.

작은 물방울들이 모여 더 큰 물방울이 돼요. 구름 속에서 빗방울이 만들어지는 것처럼요.

알고 있나요? 국제 우주 정거장의 우주 비행사들은 오줌은 물론 땀과 숨에 담긴 물을 깨끗하게 여과한 뒤 식수로 마셔요.

파동의 초점 맞추기

에너지는 대개 파동의 형태로 움직여요. 앞에서 살펴봤던 빛이나 소리도 파동의 형태를 띠고 움직이지요. 그런데 빛에너지의 파동이 렌즈 같은 물질을 지나면서 휘어져 하나의 초점에 모이면 에너지가 강력해지기도 해요. 사물을 더 크게 볼 수 있는 돋보기도 똑같은 원리로 작동하지요. 이번 실험에서는 돋보기로 다른 형태의 에너지도 증폭시킬 수 있는지 알아볼 거예요. 돋보기를 잘못 쓰면 위험할 수 있으니 어른과 함께하세요.

 **꼭 어른과 함께 실험하세요!**

1 이 실험에서는 태양의 빛에너지를 이용할 거예요. 그러니 꼭 햇빛이 잘 드는 날을 골라 실험하세요.

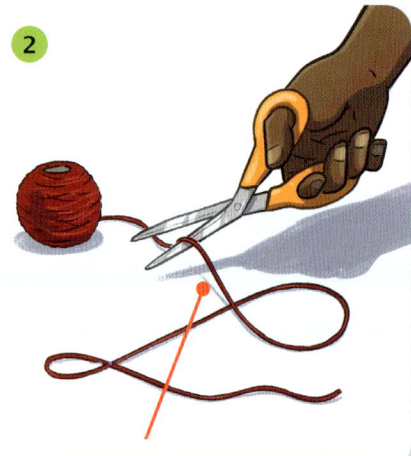

2 노끈을 10센티미터 길이로 잘라요.

3 노끈의 한쪽 끝에는 너트를, 다른 쪽 끝에는 코르크 마개를 묶어요.

4 주둥이가 좁은 유리병 위에 코르크 마개가 빠지지 않게 걸쳐 놓고 너트를 유리병 안쪽으로 살살 내려요.

5 유리병이나 노끈, 코르크 마개를 직접 건드리지 않고 유리병 안쪽의 노끈을 자를 방법을 고민해 보세요.

6 유리병을 햇빛이 잘 드는 곳에 두고 돋보기로 햇빛을 모아 노끈에 초점을 맞추면 시간이 지나면서 노끈이 끊어질 거예요.

이런 게 필요해요! 노끈, 가위, 코르크 마개, 너트, 높이가 15센티미터 이상인 유리병, 돋보기

레이저는 빛을 증폭하는 장치로, 엄청나게 큰 에너지를 일으킬 수 있어요.

산업용 레이저는 단단한 금속을 '태워' 글자를 새길 정도로 강력하고 정밀해요.

실험 속 원리

태양이 뿜어내는 에너지에는 가시광선과 열이 담겨 있어요. 돋보기는 햇빛의 초점을 모아 두 가지 에너지를 좁은 영역에 집중시키지요. 그래서 돋보기로 햇빛을 모으면 햇빛의 초점이 밝아지는 동시에 뜨거워져요. 이렇게 집중된 빛과 열은 돋보기와 유리병을 통과한 뒤에도 줄어들지 않아요. 이 열에너지가 충분히 모이면 가느다란 노끈을 너끈히 태울 수 있지요. 돋보기로 햇빛을 모으는 실험은 무척 뜨겁고 위험할 수 있으니 반드시 어른의 도움을 받고, 돋보기로 장난을 함부로 쳐서도 안 돼요!

알고 있나요? 외과 의사들은 손으로 직접 하기에는 너무 정교하고 위험한 수술에 의료용 레이저를 이용해요.

온도 감지하기

우리 몸의 피부, 몸 안쪽의 수용체와 특별한 신경 말단은 열을 감지하는 신체 기관이에요. 이 신체 기관들은 우리 몸이 너무 뜨겁거나 차가운 환경에 놓이면 다치지 않게 경보를 울려 주지요. 뜨거운 주전자를 만지면 반사적으로 손을 뒤로 빼는 것도 우리가 스스로를 보호하는 행동이에요. 그뿐만 아니라 우리 몸의 수용체들은 외부의 온도 변화를 감지해 체온을 조절하게 도와요.

첫 번째 대야에 따뜻한 물을 채워요.

두 번째 대야에 찬물을 채워요.

세 번째 대야에는 따뜻한 물과 찬물을 섞어 중간 온도의 물을 채워요.

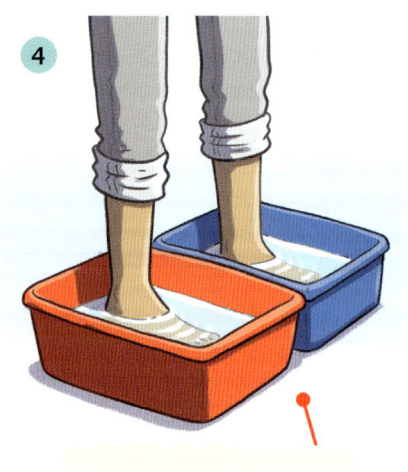
한 발을 따뜻한 물에 담그고 다른 쪽 발을 차가운 물에 담근 뒤 잠시 있어요.

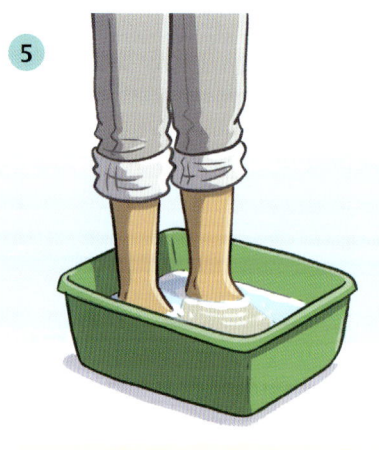
이제 두 발을 중간 온도의 물에 담그고, 양쪽 발의 느낌이 어떻게 다른지 비교해 보세요.

어떤 사람들은 한겨울에도 얼음처럼 차가운 물에 뛰어들어 수영을 즐겨요.

이런 게 필요해요! 대야 3개, 따뜻한 물, 차가운 물, 미지근한 물

실험 속 원리

따뜻한 물에 있던 발을 미지근한 물에 담그면 차갑다고 느끼는 반면, 차가운 물에 있던 발은 따뜻하다고 느껴요. 우리가 수영장이나 바다에 들어가면 물의 온도에 서서히 익숙해지는 것처럼 양쪽 발은 처음 담갔던 물의 온도에 서서히 익숙해져 있을 거예요. 그러니 발을 물에서 뺄 때면 온도 변화를 감지하는 신경 말단의 수용체가 처음 발을 담갔던 물의 온도가 정상이라고 뇌로 신호를 보내고 있겠지요. 그래서 곧바로 미지근한 물로 발을 옮기면 한쪽 발은 따뜻하다고, 다른 발은 차갑다고 느껴요.

겨울에는 물속이 물 밖보다 따뜻하게 느껴져요. 우리 몸이 차가운 겨울 공기에 익숙해져 있기 때문이에요.

알고 있나요? 스칸디나비아 지역과 러시아에서 겨울 수영을 즐기는 몇몇 사람들은 차가운 물에 뛰어들면 건강에 좋다고 말해요.

열 흡수하기

열은 에너지의 한 형태로, 물질 사이를 오가요. 그런데 열에너지가 흡수되는 방식은 물질에 따라 달라요. 열이 흡수되는 속도 또한 물질에 따라 다르지요. 여름이 되면 공기는 열을 빠르게 흡수해 따뜻해지지만 물은 열을 느리게 흡수해 공기보다 온도가 낮아요. 반대로 여름이 끝날 무렵이면 바다나 호수는 여전히 수영하기에 좋을 정도로 따뜻하지만 공기는 차가워지지요. 풍선을 이용한 간단한 실험으로도 공기가 물보다 열을 더 빨리 전달한다는 사실을 알 수 있어요. 촛불을 이용하는 데다 풍선이 터지는 실험이니 반드시 어른의 도움을 받고 불이 나지 않도록 각별히 주의하세요!

 **꼭 어른과 함께 실험하세요!**

1. 풍선을 불어서 끝을 꽉 묶어요. 이 풍선을 공기가 든 풍선이라고 할게요.

2. 또 다른 풍선에 물을 반쯤 채운 다음 꽉 묶어요. 물이 든 풍선이에요.

바다이구아나는 바위 위에서 몇 시간 동안 태양열을 쪼이고는 해요. 이때 에너지를 아끼려고 거의 움직이지 않지요.

3. 싱크대 바닥에 초를 두고 촛불을 켜요.

4. 공기가 든 풍선을 촛불 가까이로 가져가 촛불이 풍선에 닿지 않는 선에서 터질 때까지 기다리세요.

5. 물이 든 풍선을 촛불 가까이로 가져가요. 공기가 든 풍선과 달리 쉽게 터지지 않을 거예요. 풍선이 촛불과 완전히 닿지 않도록 주의하세요.

이런 게 필요해요! 풍선 2개, 물, 양초

실험 속 원리

첫 번째 풍선 안에 든 공기는 촛불이 뿜어내는 열을 빠르게 흡수하면서 금세 뜨거워져요. 열을 잔뜩 받은 공기는 계속 팽창하다가 결국 터지고 말지요. 두 번째 풍선 안에 든 물도 촛불의 열을 흡수해 따뜻해지지만 촛불과 비교적 먼 곳에 있는 물이 열을 전달받으려면 시간이 걸려요. 그래서 물이 든 풍선의 온도가 터지는 온도에 이르려면 시간이 한참 걸리지요. 이때 물 풍선을 촛불 위쪽으로 가져가면 열을 흡수한 물이 위로 떠오르면서 순환해 물의 온도를 조금 더 빠르게 높일 수 있어요. 그러면 풍선이 터질 확률도 올라가지요.

변온 동물인 파충류는 햇빛을 쬐어 몸을 따뜻하게 유지해요. 반면 정온 동물인 포유류는 몇 시간씩 햇빛을 쬐지 않아도 체온이 일정하게 유지되지요.

알고 있나요? 변온 동물은 체온을 스스로 조절할 수 없어서 외부 환경에 따라 체온이 달라져요. 그래서 따뜻한 햇빛을 꼭 쬐여야 하지요.

열기구 비행

물질이 열을 받으면 물질 속 입자들이 더 많이 움직이며 공간을 가능한 한 더 많이 차지하려고 해요. 이렇게 입자들이 차지하려는 공간이 넓어지면 정해진 공간 안에 담기는 입자의 수가 줄어드는데, 이걸 밀도가 낮아진다고 하지요. 밀도가 낮은 물질, 그러니까 담고 있는 입자 수가 적은 물질은 당연하게도 밀도가 높은 물질 위로 떠올라요. 밀도의 차이는 냉동실과 풍선 몇 개만으로도 알 수 있어요.

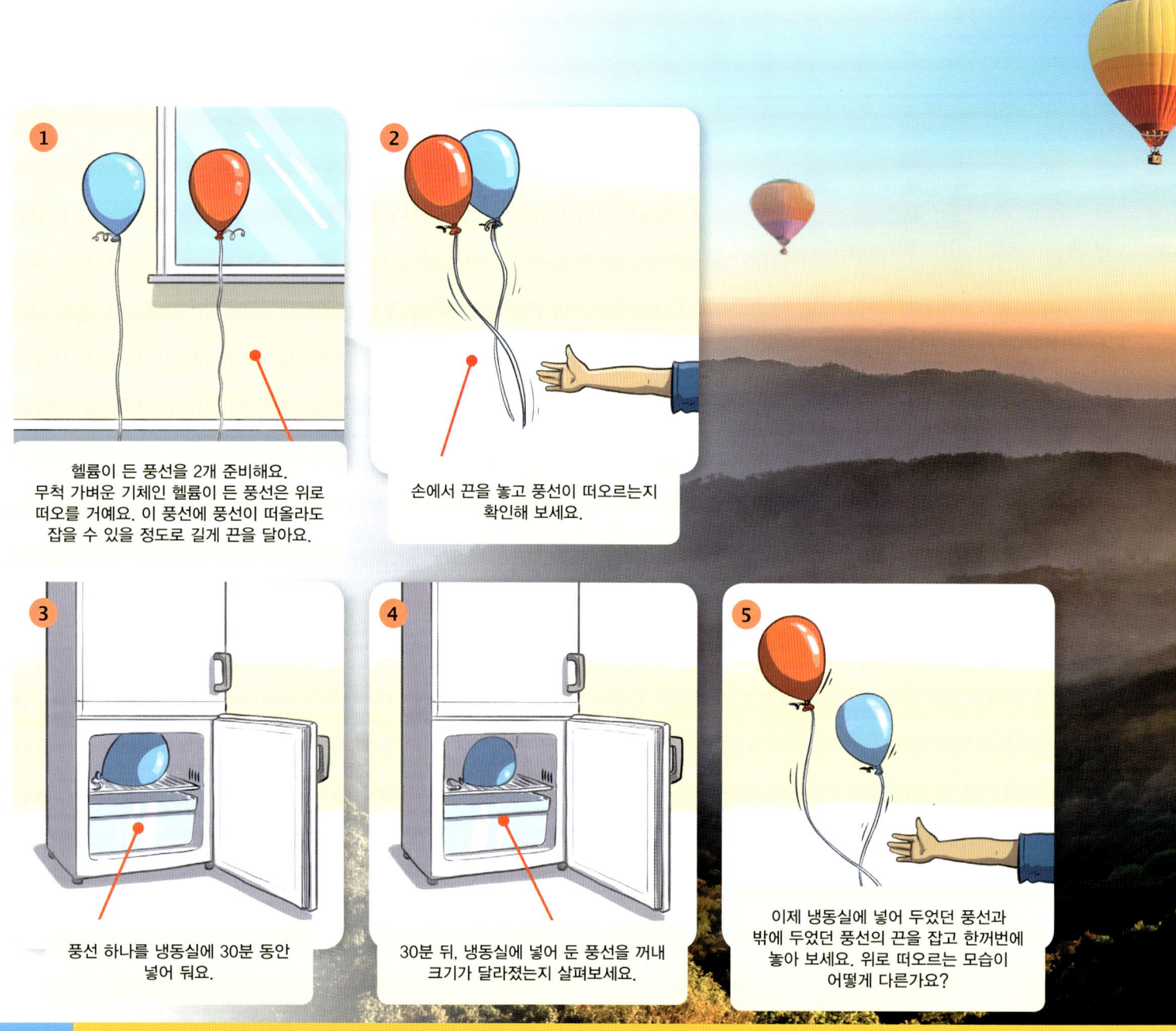

1. 헬륨이 든 풍선을 2개 준비해요. 무척 가벼운 기체인 헬륨이 든 풍선은 위로 떠오를 거예요. 이 풍선에 풍선이 떠올라도 잡을 수 있을 정도로 길게 끈을 달아요.

2. 손에서 끈을 놓고 풍선이 떠오르는지 확인해 보세요.

3. 풍선 하나를 냉동실에 30분 동안 넣어 둬요.

4. 30분 뒤, 냉동실에 넣어 둔 풍선을 꺼내 크기가 달라졌는지 살펴보세요.

5. 이제 냉동실에 넣어 두었던 풍선과 밖에 두었던 풍선의 끈을 잡고 한꺼번에 놓아 보세요. 위로 떠오르는 모습이 어떻게 다른가요?

이런 게 필요해요! 헬륨이 든 풍선 2개, 끈

헬륨이 든 풍선은 저절로 떠오르지만 열기구에는 보통의 공기가 들어 있기 때문에 공기를 가열해야 떠올라요.

열기구 내부의 공기를 따뜻하게 하면 주변 공기보다 밀도가 낮고 가벼워져서 열기구가 떠올라요.

실험 속 원리

열에너지는 물질 안 입자들이 움직이게 만들어요. 이 실험에서는 아주 가벼운 기체인 헬륨을 이용하는데, 헬륨은 공기보다 밀도가 낮기 때문에 공기 위로 떠오르는 성질을 지니지요. 그래서 헬륨 풍선이 자꾸 위로 떠오르는 거예요. 하지만 이 풍선을 냉동실에 넣었다가 꺼내면 성질이 조금 달라져요. 우선 냉동실에서 꺼낸 헬륨 풍선은 실온에 둔 풍선보다 쪼그라드는데, 차가워진 헬륨 입자가 느리게 움직이며 실온에서보다 더 적은 공간을 차지하기 때문이에요. 또한 풍선 속 헬륨의 밀도가 높아지면서 실온에 두었던 풍선보다 높이 떠오르지 않아요.

알고 있나요? 지금까지 가장 높이 날았던 열기구는 민간 항공사의 여객기가 나는 고도보다 2배 이상 높게 떠올랐어요.

녹는점과 어는점

물질마다 고체에서 액체로, 액체에서 기체로, 또 액체에서 고체로 변하는 온도가 있어요. 그 온도를 각각 녹는점, 끓는점 그리고 어는점이라고 하지요. 순수한 물질은 녹는점과 어는점이 대개 같은데, 순수한 물은 섭씨 0도 이하의 온도에서 얼어 얼음이 되고, 또 얼음은 섭씨 0도 이상에서 녹아 물이 돼요. 그러다 섭씨 100도가 넘어가면 기체인 수증기로 바뀌지요. 하지만 물에 다른 물질이 들어 있다면 상이 변하는 온도도 달라져요.

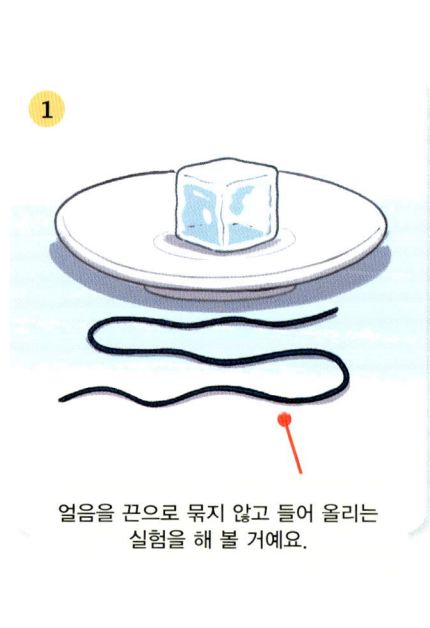

1. 얼음을 끈으로 묶지 않고 들어 올리는 실험을 해 볼 거예요.

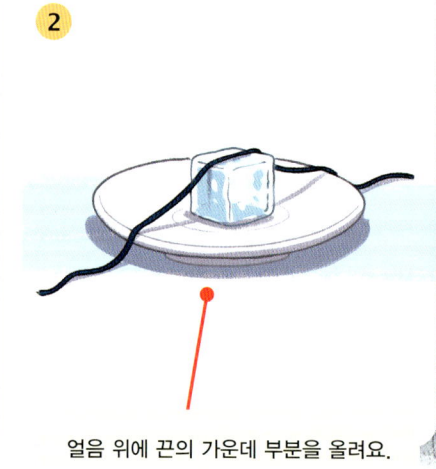

2. 얼음 위에 끈의 가운데 부분을 올려요.

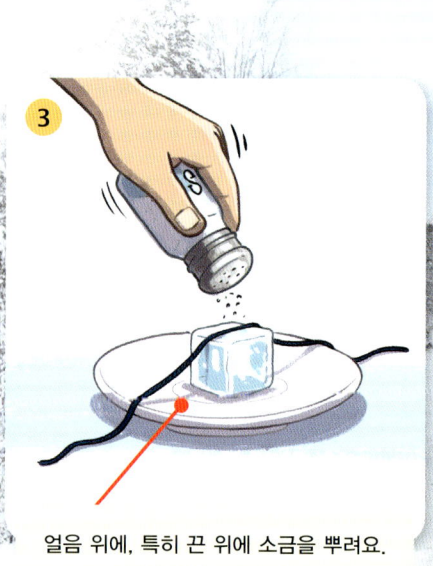

3. 얼음 위에, 특히 끈 위에 소금을 뿌려요.

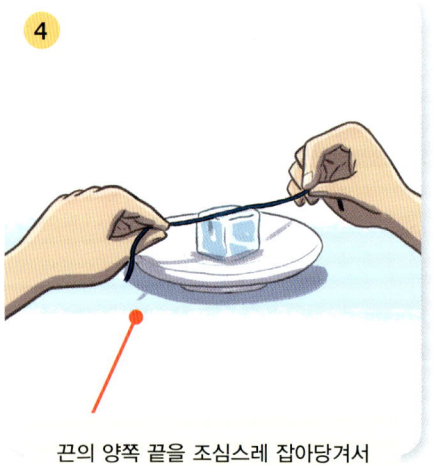

4. 끈의 양쪽 끝을 조심스레 잡아당겨서 끈을 팽팽하게 만들어요.

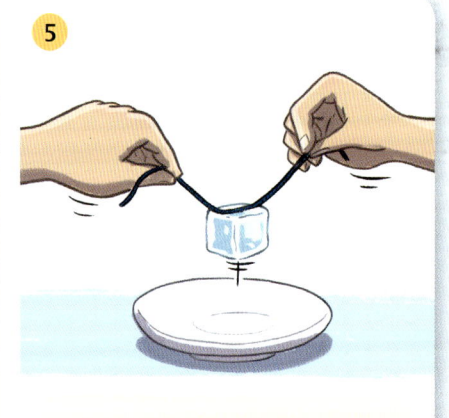

5. 잠시 뒤, 끈의 양쪽 끝을 잡고 천천히 들어 올리면 얼음이 함께 딸려 올라와요.

눈이 내리면 제설 차량이 눈과 얼음을 한쪽으로 밀고 도로에 제설제인 염화칼슘을 뿌려요.

이런 게 필요해요! 얼음, 접시, 끈, 소금

제설 차량이 도로에 염화칼슘을 뿌리면 눈이 빠르게 녹아 도로가 안전해져요.

실험 속 원리

소금물의 어는점은 순수한 물의 어는점인 섭씨 0도보다 낮아요. 얼음에 소금을 뿌리면 소금이 얼음에 스며들면서 소금 알갱이 주변 얼음의 녹는점(또는 어는점)이 낮아져요. 상이 바뀌는 온도가 변하면서 소금 주변의 얼음이 녹고, 끈이 들어갈 공간이 생기지요. 하지만 얼음이 많이 녹을수록 물속 소금의 농도가 낮아지기 때문에 녹는점이 다시 높아져요. 그 결과 녹았던 물이 끈 위에서 다시 얼어붙고, 끈은 얼음에 갇힌 상태가 되지요. 그래서 얼음을 끈으로 묶지 않고도 들어 올릴 수 있는 거예요. 마술 같지만 그 안에는 과학이 숨어 있어요.

알고 있나요? 길에 염화칼슘을 너무 많이 뿌리면 길가의 식물이나 산책하는 개에게 해가 되기도 해요.

입자들의 움직임

지금까지 실험을 하면서 열에너지가 물질 속 입자들의 움직임에 큰 영향을 준다는 사실을 알게 됐을 거예요. 이번 실험에서는 다양한 온도의 액체 속 입자들이 어떻게 움직이는지를 식용 색소로 살펴보려고 해요. 실험을 하기 전에 지금까지 열에너지에 대해 알게 된 다양한 사실들을 바탕으로 어떤 결과가 나올지 예측해 보세요. 또 실험을 마친 뒤에는 여러분이 예측했던 결과와 실제 결과가 어떻게 같거나 다른지 비교해 보세요.

1. 첫 번째 유리병에 물을 3분의 2가량 채운 다음 냉장고에 1시간 정도 넣어 두세요.

2. 1시간 뒤, 첫 번째 유리병을 냉장고에서 꺼내고, 두 번째 유리병을 따뜻한 물로 3분의 2 정도 채워요.

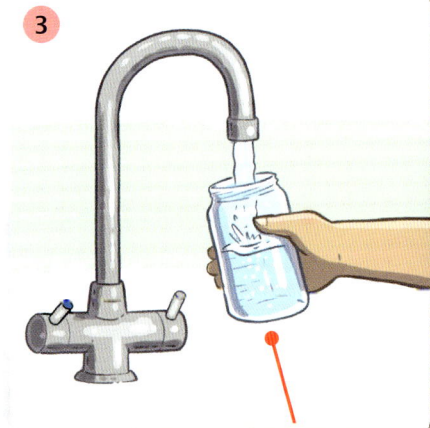

3. 이어 세 번째 유리병에는 미지근한 물을 3분의 2 정도 채워요.

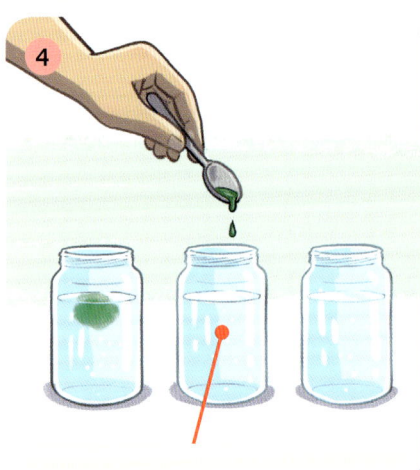

4. 각각의 유리병에 식용 색소를 3방울씩 떨어뜨려요. 색소를 떨어뜨리기 전에 색소가 어떻게 퍼질지 예측해 보세요.

5. 색소를 떨어뜨린 뒤 15초마다 5분 동안 색소의 움직임을 관찰해 보세요.

84 **이런 게 필요해요!** 유리병 3개, 물, 식용 색소

광물이 많이 섞인 두 강줄기가 만나는 곳에서는 강물이 섞이는 모습을 볼 수 있어요.

실험에서 차가운 물에 떨어진 색소처럼, 강물이 차가울 때는 색이 빨리 섞이지 않아요.

실험 속 원리 어떤 물질이든 열을 받으면 물질 속 입자들이 빠르게 움직여요. 식용 색소를 이용한 실험에서 물 입자는 숟가락과 같아서 이리저리 움직이며 색소를 섞어 주지요. 그런데 물이 차가우면 물 입자들의 움직임이 느리고 활발하지 않아서 색소가 물에 빠르게 섞일 수 없어요. 반면 물이 따뜻해지면 물 입자들이 먼 곳까지 빠르고 활발하게 움직이기 때문에 색소가 빠르고 고르게 섞여요.

알고 있나요? 주스나 피를 몇 방울 떨어뜨린 물을 아주 빠르게 얼리면 수백 년 동안 물에 섞이지 않은 채 남아 있을 거예요.

뜨거운 공기의 힘

따뜻해진 공기는 힘이 무척 세서 비행기를 들어 올리거나 자동차를 앞으로 밀어 내는 것처럼 엄청난 일을 해내요. 예를 들면, 자동차는 연료를 태워서 생기는 기체가 팽창하는 힘으로 피스톤을 움직여 동력을 얻지요. 따뜻한 기체가 뿜어내는 힘에 대한 실험에서는 날카로운 도구를 사용하기 때문에 반드시 어른의 도움을 받으세요.

 꼭 어른과 함께 실험하세요!

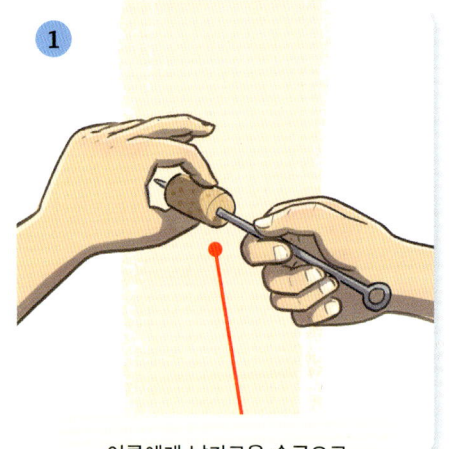

1. 어른에게 날카로운 송곳으로 코르크 마개에 수직으로 빨대가 들어갈 구멍을 뚫어 달라고 해요.

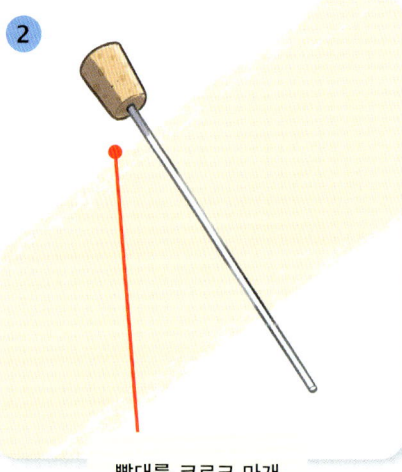

2. 빨대를 코르크 마개 아래쪽에 꽂아요.

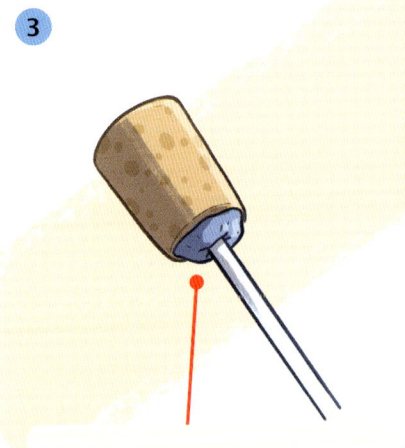

3. 빨대 주변에 찰흙이나 점토를 붙여서 공기가 통하지 않게 밀폐시켜요.

4. 코르크 마개를 유리병에 꽂으면 빨대가 유리병 어디쯤에 오는지 미리 가늠해 보세요.

5. 유리병에 물을 채우는데, 물이 빨대가 닿는 지점보다 4~5센티미터 높아야 해요.

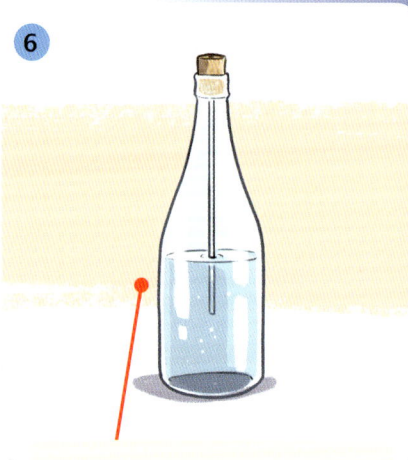

6. 코르크 마개를 유리병에 끼우면 빨대 끝이 물속에 잠겨 있을 거예요.

이런 게 필요해요! 날카로운 송곳, 코르크 마개, 코르크 마개와 꼭 맞는 긴 유리병, 플라스틱 빨대, 찰흙이나 점토, 물

실험 속 원리

공기는 다른 물질보다 쉽게 따뜻해져요. 그래서 손으로 물이 든 유리병을 감싸면 안쪽 공기가 금세 따뜻해지지요. 따뜻해진 공기 입자들은 더 활발하게 움직이면서 더 많은 공간을 차지해 팽창하려고 해요. 그래서 공기가 아래쪽에 있는 물을 누르게 되고, 이때 공간이 좁아진 물이 빨대를 타고 올라가게 되지요. 그런데 이때 공기가 너무 뜨거워지거나 유리병이 너무 얇으면 유리병이 공기의 압력을 이기지 못하고 터지거나 깨질 수도 있어요.

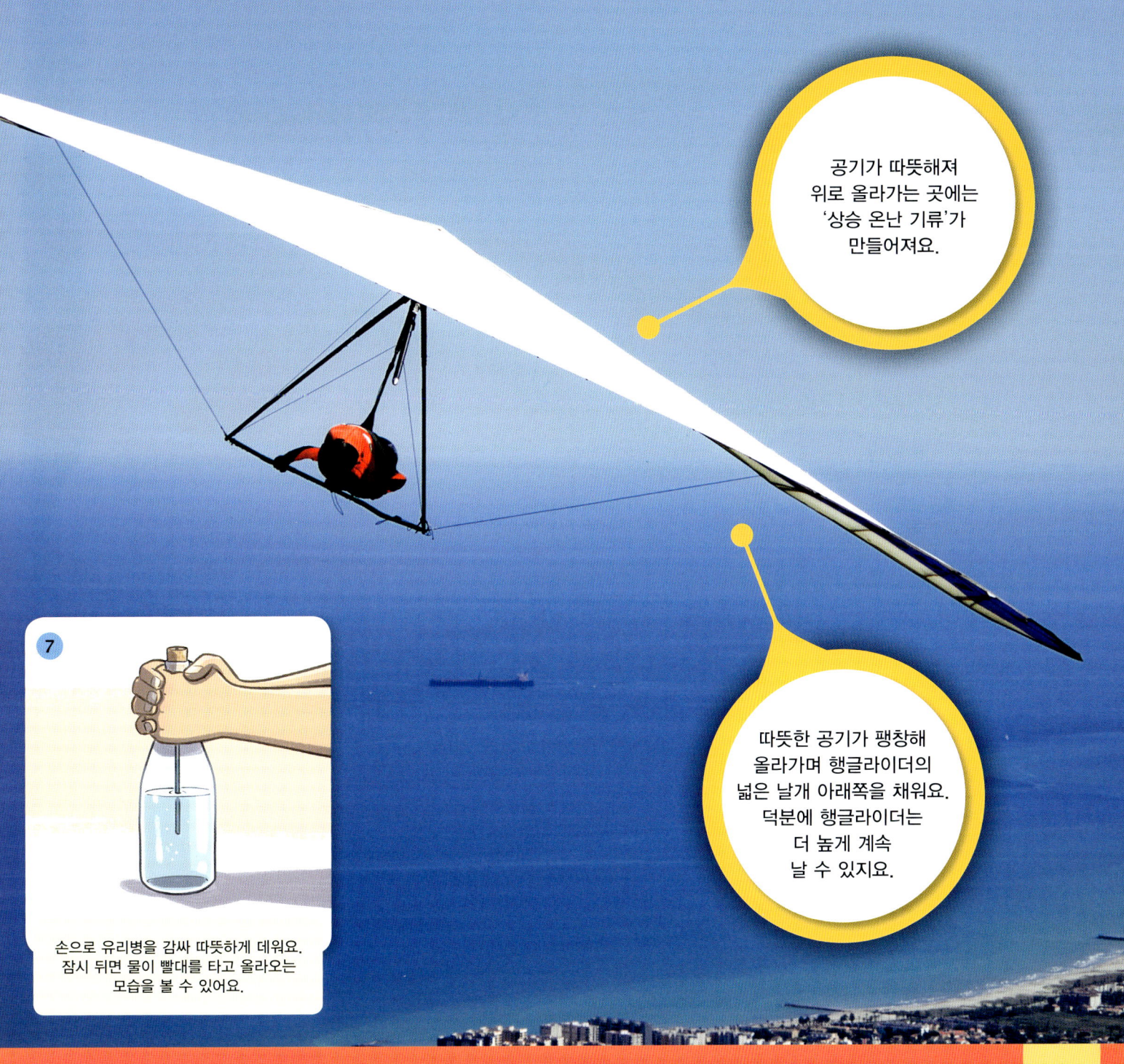

공기가 따뜻해져 위로 올라가는 곳에는 '상승 온난 기류'가 만들어져요.

따뜻한 공기가 팽창해 올라가며 행글라이더의 넓은 날개 아래쪽을 채워요. 덕분에 행글라이더는 더 높게 계속 날 수 있지요.

7

손으로 유리병을 감싸 따뜻하게 데워요. 잠시 뒤면 물이 빨대를 타고 올라오는 모습을 볼 수 있어요.

알고 있나요? 자동차는 연료를 태우면서 발생하는 기체가 팽창해 피스톤을 위아래로 움직이는 힘으로 작동해요.

87

제5장 전기와 자기

전기와 자기

아주 오랫동안 사람들은 마법을 부리는 돌이 다른 물질을 끌어당긴다고 믿었어요. 또, 번개는 신이 화가 났다는 신호라고 믿었지요. 하지만 지금은 '자기'라는 물리적 성질을 띠는 물질이 다른 물질을 끌어당기며, 번개는 전기의 한 형태라는 사실을 알고 있어요. 그래도 전기와 자기라는 현상은 여전히 신기하게 느껴지지요!

반대끼리 이끌리는 성질

전기력과 자기력 모두 반대 성질에 이끌리는 물리적인 특성이에요. 전기력은 '전자'라고 불리는 음전하와 '양성자'라고 불리는 양전하가 서로를 끌어당기는 인력이지요. 자기력은 물질의 양끝에 서로 반대인 '극'이 있어서 같은 극끼리 밀어내거나 서로 반대인 극끼리 끌어당기는 힘이에요. 과학자들은 수백 년 전부터 전기와 자기라는 물리적인 현상과 힘을 조금씩 이해하기 시작했는데, 그때만 해도 2가지 힘을 서로 다른 종류의 힘이라고 생각했어요. 하지만 이제는 전기와 자기가 '전자기'라는 커다란 에너지의 일부라는 것을 알고 있지요. 전자기력에 대해 더 많이 알게 되면서 강력한 전기로 작동하는 강력한 자석도 만들게 되었어요.

알고 있나요? 지구는 자기장에 둘러싸인 거대한 자석과 같아요. 이 자기장은 지구 내핵을 이루는 철에 흐르는 전류 때문에 만들어지지요.

찌릿찌릿 튀는 정전기

전기는 음전하를 띤 입자인 전자의 움직임이에요. 전자와 양전하를 띤 양성자가 서로 이끌리면서 전자가 움직이면 전류가 되지요. 전류는 이제 우리 일상에 없어서는 안 될 중요한 현상으로, 전등을 켜거나 토스터로 빵을 굽는 일도 모두 전류가 있어야 할 수 있어요. 정전기 역시 전기인데, 전류와 다르게 양전하 또는 음전하가 쌓일 뿐 흐르지는 않아요. 하지만 정전기 역시 놀라운 힘을 발휘하지요.

1. 오목한 그릇을 튀밥으로 절반쯤 채워요.

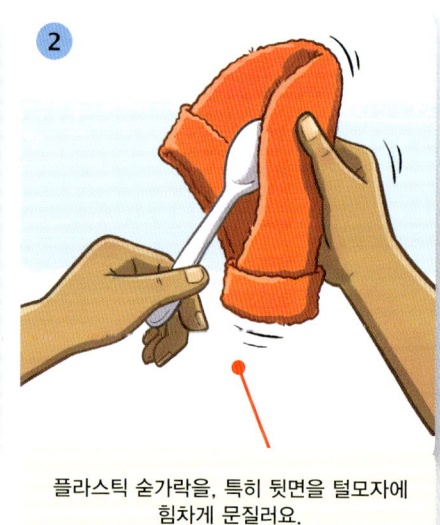

2. 플라스틱 숟가락을, 특히 뒷면을 털모자에 힘차게 문질러요.

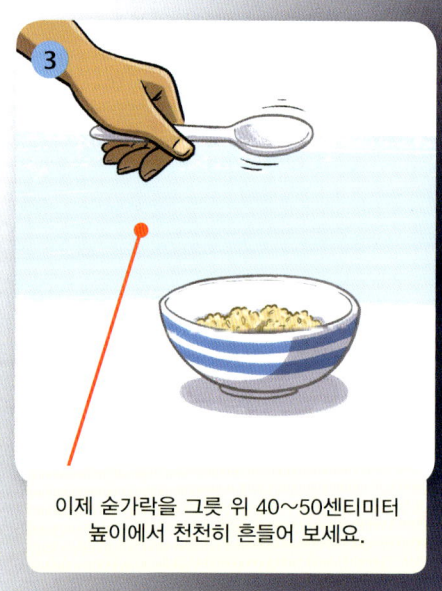

3. 이제 숟가락을 그릇 위 40~50센티미터 높이에서 천천히 흔들어 보세요.

4. 숟가락을 흔들며 그릇 위 5~10센티미터까지 천천히 내려 보세요.

5. 튀밥이 점프하듯 튀어 올라 숟가락에 달라붙는 모습을 볼 수 있어요.

이런 게 필요해요! 튀밥, 오목한 그릇, 플라스틱 숟가락, 털모자

구름 안쪽에 음전하들이 아주 많이 쌓이면 강력한 정전기인 번개가 만들어져요.

구름의 음전하가 구름 아래에 있는 양전하를 띤 물체에 이끌리면 번개가 내리치지요.

실험 속 원리 털모자로 플라스틱 숟가락을 문지르면 숟가락 표면에 음전하가 생겨나요. 플라스틱 숟가락에 음전하가 쌓이면 튀밥이 튀어 올라 달라붙지요. 플라스틱 숟가락과 가까운 곳에 있는 튀밥에 쌓여 있던 양전하가 플라스틱 숟가락의 음전하와 서로 이끌리기 때문이에요. 하지만 튀밥이 플라스틱 숟가락에 부딪히는 순간 양전하의 힘이 약해지면서 튀밥은 전기적으로 중성이 되고, 다시 그릇으로 떨어지지요.

알고 있나요? 번개는 온도가 약 섭씨 2만 6,000도로, 태양 표면보다 약 6배 뜨거워요.

전자의 흐름

전기는 전자가 전류의 형태로 흐르며 만들어 내는 모든 현상을 말해요. 전류가 흐르는 길은 '회로'라고 해요. 전자가 자유롭게 돌아다닐 수 있어 전기를 잘 전달하는 물질을 '도체'라고 하는데, 도체를 이용하면 전기가 흐르는 회로를 만들 수 있지요. 이번 실험에서는 아주 간단한 재료로 전기 회로를 만들어 전구를 켜 볼 거예요.

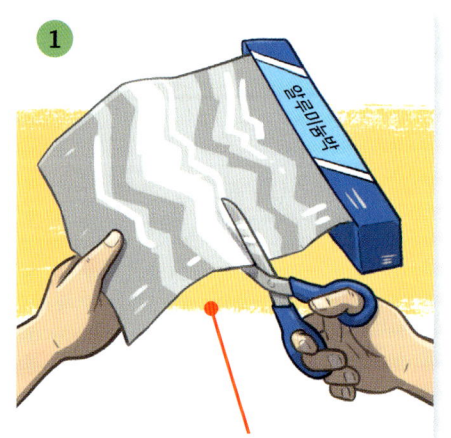

1. 알루미늄박을 폭 10센티미터 정도로 매끈하게 잘라요.

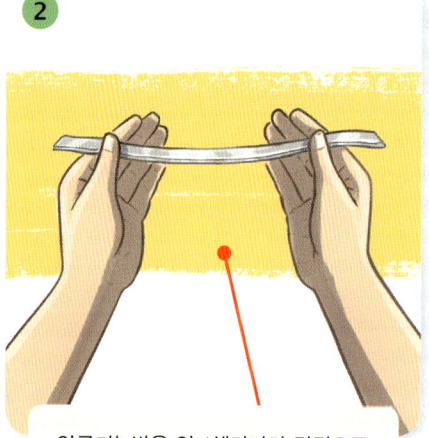

2. 알루미늄박을 약 1센티미터 간격으로 계속 접어요.

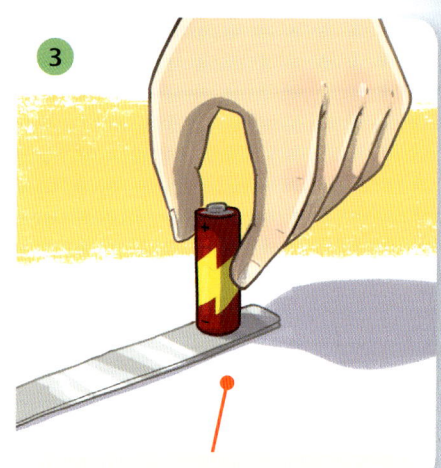

3. 접은 알루미늄박의 한쪽 끝에 건전지를 양극이 위를 향하게 세워요.

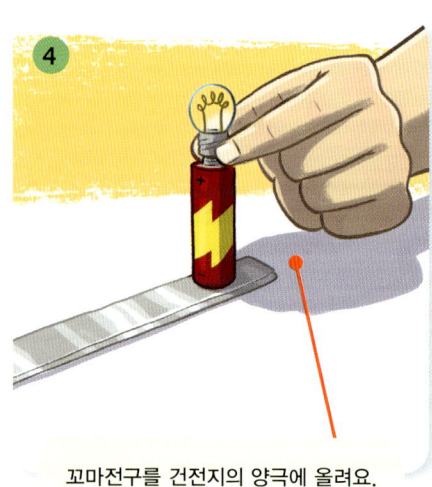

4. 꼬마전구를 건전지의 양극에 올려요.

5. 다른 손으로 알루미늄박의 다른 쪽을 잡고 건전지의 양극에 가져다 대요.

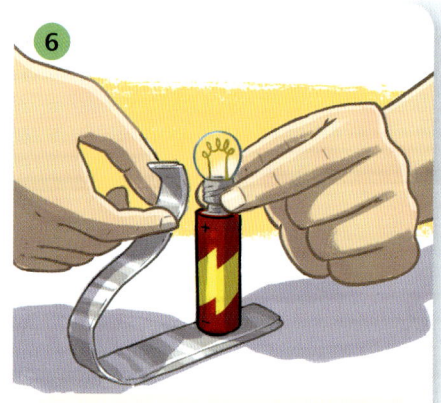

6. 알루미늄박의 끝을 건전지에 대면 꼬마전구가 켜지고, 건전지에서 떼면 꺼질 거예요.

이런 게 필요해요! 알루미늄박, AA 사이즈 건전지, 꼬마전구

실험 속 원리

꼬마전구를 건전지 위에 세워 두기만 하면 불이 들어오지 않아요. 하지만 전기가 아주 잘 흐르는 도체인 알루미늄박의 반대쪽 끝을 건전지 위쪽에 대서 건전지의 양쪽을 연결하면 건전지 안에 들어 있는 전자가 건전지를 통과해 알루미늄박을 따라 이동했다가 다시 건전지 안으로 돌아오지요. 이때 만들어지는 전하의 흐름이 꼬마전구의 불을 켜는데, 건전지 위쪽에 댄 알루미늄박을 떼어 내면 회로가 끊어져서 꼬마전구의 불이 꺼져요. 알루미늄박과 건전지라는 간단한 재료만으로 전기가 통하는 회로를 만든 셈이에요.

미국에 있는 자유의 여신상은 원래 반짝이는 갈색이었어요. 하지만 전자의 흐름 때문에 색이 변했지요.

자유의 여신상의 겉면은 도체인 구리로 되어 있는데, 구리의 전자가 주변 공기의 산소와 만나 반응하면서 지금의 색으로 변했어요.

알고 있나요? 피클을 담고 있는 짠물은 전기가 잘 통하는 도체예요. 오이 피클을 강한 전기 회로에 연결하면 반짝반짝 빛이 나기도 하지요.

휘어지는 물

수도꼭지에서 흘러나오는 물에서 전자가 흐르는 모습을 볼 수 있을까요? 물론이에요! 고체뿐 아니라 액체로 된 물질도 전기에 영향을 받고 전기적인 현상을 띠기 때문이에요. 서로 반대 성질인 전하가 서로를 끌어당기는 원리가 액체에서도 나타나 전자가 흐르지요. 직접 실험해 보면 더 잘 알 수 있어요!

1. 싱크대나 개수대에서 미지근한 물을 틀어 두어요.

2. 플라스틱 빗을 물줄기 가까이 가져가요. 아직은 아무 일도 일어나지 않을 거예요.

3. 물을 잠시 잠근 뒤, 털모자나 털장갑으로 플라스틱 빗을 문질러요.

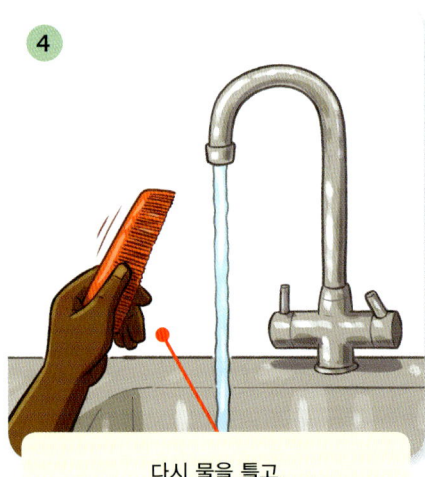

4. 다시 물을 틀고, 플라스틱 빗을 ②처럼 물줄기 가까이 천천히 가져가요.

5. 물줄기가 어떻게 흐르는지 관찰해요.

이런 게 필요해요! 플라스틱 빗, 털모자 또는 털장갑, 물

흐르는 공기는 흐르는 물과 비슷한 특징을 지녀요. 기체와 액체 모두 흐르는 성질을 지니는 유체이기 때문이지요.

나는 비행기와 만난 공기는 휘어진 날개를 타고 위로 흘러요. 이때 공기의 속도가 빨라지는 반면 압력은 줄어드는데, 덕분에 비행기 아래쪽 공기가 비행기를 들어 올리는 힘을 만들어 내요.

실험 속 원리

처음에는 플라스틱 빗을 미지근한 물줄기 가까이 가져가도 아무 일도 일어나지 않아요. 하지만 털모자나 털장갑으로 플라스틱 빗을 문지르면 전자가 털모자에서 플라스틱 빗으로 옮겨 가 플라스틱 빗은 음전하를 띠어요. 이 빗을 다시 한번 물줄기 가까이 가져가면 빗의 음전하와 물속에 있는 음전하가 서로를 밀어내요. 물속 음전하가 빗과 먼 곳으로 이동하면서 빗과 가까운 물속에는 양전하가 많아지게 돼요. 그러면 물속 양전하와 빗의 음전하가 서로를 끌어당겨서 물이 빗 쪽으로 휘어지지요.

알고 있나요? 순수한 물은 수소와 산소로만 이루어지기 때문에 전기를 전도할 수 없어요. 하지만 자연에 존재하는 물에는 전기를 전도하는 물질들이 조금씩 섞여 있지요.

도체 구분하기

전기는 쓸모가 무척 많지만 동시에 위험하기도 해요. 그래서 어떤 물체가 전하를 실어 나르는 도체인지 아닌지를 판단하는 게 중요하지요. 이때 '검전기'라는 도구로 어떤 물체가 도체인지, 전하를 제대로 실어 나르는지를 알 수 있어요. 검전기는 복잡한 도구 같지만 손쉽게 만들어 볼 수 있지요.

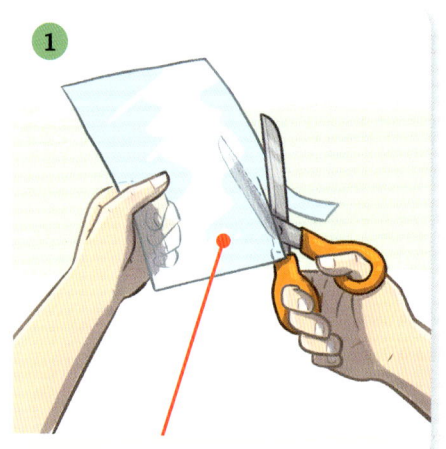

1. 비닐 2장을 폭 3센티미터, 길이 20센티미터 정도로 잘라 준비해요.

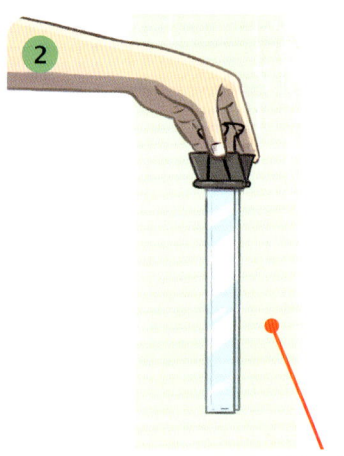

2. 비닐의 좁은 가장자리를 집게로 집고 아래로 늘어뜨려요.

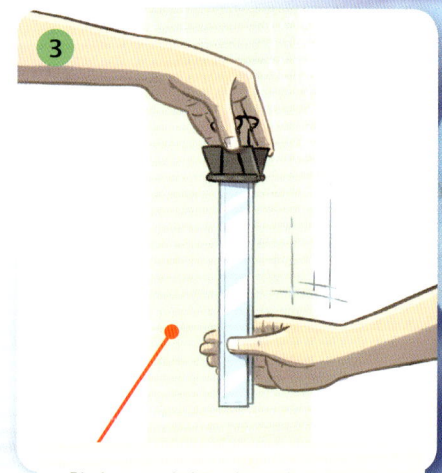

3. 한 손으로 집게를 잡고, 다른 손으로는 비닐 위쪽을 잡고 아래로 빠르게 쓸어내려요.

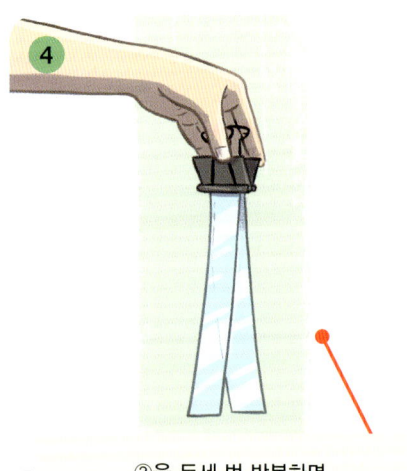

4. ③을 두세 번 반복하면 비닐 2장이 이 그림처럼 벌어질 거예요.

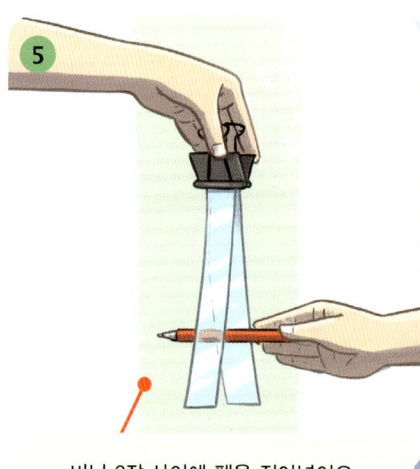

5. 비닐 2장 사이에 펜을 집어넣어요. 그래도 비닐은 계속 벌어져 있을 거예요.

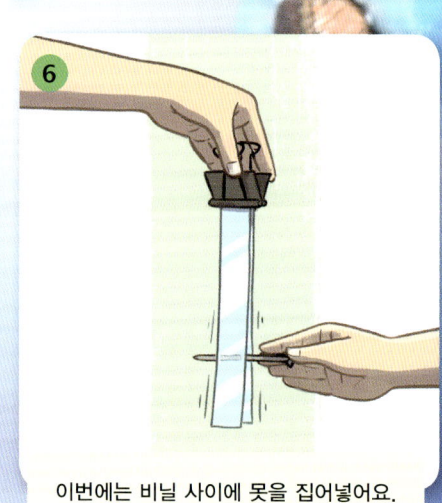

6. 이번에는 비닐 사이에 못을 집어넣어요. 어떤 일이 벌어지나요?

이런 게 필요해요! 가위, 투명한 비닐, 집게, 플라스틱 펜, 못

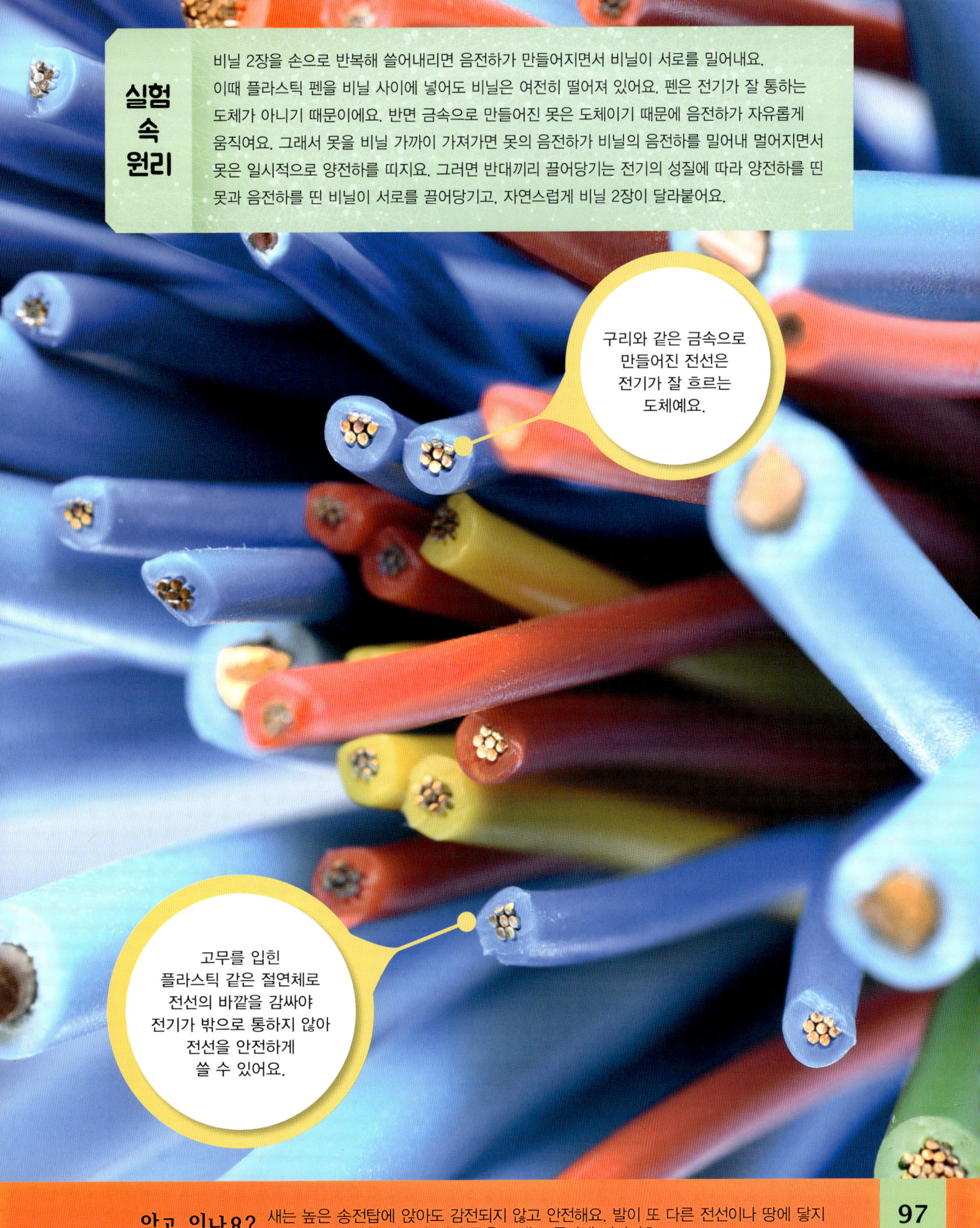

실험 속 원리

비닐 2장을 손으로 반복해 쓸어내리면 음전하가 만들어지면서 비닐이 서로를 밀어내요. 이때 플라스틱 펜을 비닐 사이에 넣어도 비닐은 여전히 떨어져 있어요. 펜은 전기가 잘 통하는 도체가 아니기 때문이에요. 반면 금속으로 만들어진 못은 도체이기 때문에 음전하가 자유롭게 움직여요. 그래서 못을 비닐 가까이 가져가면 못의 음전하가 비닐의 음전하를 밀어내 멀어지면서 못은 일시적으로 양전하를 띠지요. 그러면 반대끼리 끌어당기는 전기의 성질에 따라 양전하를 띤 못과 음전하를 띤 비닐이 서로를 끌어당기고. 자연스럽게 비닐 2장이 달라붙어요.

구리와 같은 금속으로 만들어진 전선은 전기가 잘 흐르는 도체예요.

고무를 입힌 플라스틱 같은 절연체로 전선의 바깥을 감싸야 전기가 밖으로 통하지 않아 전선을 안전하게 쓸 수 있어요.

알고 있나요? 새는 높은 송전탑에 앉아도 감전되지 않고 안전해요. 발이 또 다른 전선이나 땅에 닿지 않기 때문에 강한 전류가 새의 몸을 그대로 통과해 버리지요.

끌어당기는 힘

중력과 자기력은 때로 반대 방향으로 작용하기도 해요. 중력은 질량이 더 큰 물체가 작은 물체를 끌어당기는 힘인데, 지구는 질량이 무척 커서 지구에 있는 어떤 물체도 끌어당기지요. 하지만 자기장이 충분히 강하다면 중력이 물체를 끌어당기는 방향과 반대 방향으로 물체를 끌어당기거나 밀어낼 수 있어요. 자기력과 중력이 서로 겨루다가 자기력이 중력을 이기는 실험을 해 볼까요?

1. 끈을 유리병 높이보다 조금 짧게 잘라요.
2. 자른 끈의 한쪽 끝에 클립을 묶어요.
3. 끈의 다른 쪽 끝을 유리병 안쪽 바닥에 테이프로 붙여요.
4. 막대자석을 유리병 뚜껑 안쪽에 접착제나 테이프로 붙인 뒤 유리병을 닫아요.
5. 클립이 아래로 늘어지도록 유리병을 거꾸로 들어요.
6. 잠시 뒤 유리병을 다시 뒤집어 보세요. 무슨 일이 일어나나요?

이런 게 필요해요! 끈, 가위, 유리병, 클립, 테이프 또는 접착제, 막대자석

실험 속 원리

이 실험에서 서로 다른 두 가지 힘이 클립을 반대 방향으로 끌어당겨요. 지구 중심의 중력이 물체를 끌어당겨 물체가 아래로 떨어지는 것처럼 이 실험에서도 중력이 클립을 아래로 끌어당겨요. 하지만 이 실험에서는 막대자석이 만들어 내는 자기장이 중력을 이겨 낼 만큼 강력해요. 클립이 막대자석과 무척 가깝기 때문이에요. 이처럼 강력한 자기장은 중력에 저항해 거대한 물체를 끌어당기거나 밀어낼 수 있어요. 만약 클립이 막대자석과 멀리 떨어져 있었다면 막대자석이 만들어 내는 자기장이 클립에 영향을 주지 못해서 중력을 이기지 못했을 거예요.

자기 부상 열차는 강력한 자기력을 이용해 중력에 맞서요. 실험 속 클립처럼요.

자기 부상 열차는 강력한 자기장을 띠는 선로가 열차 바닥의 자석을 밀어내면서 레일 위를 살짝 떠서 달려요.

알고 있나요? 2015년에 일본에서 시험 운행을 한 자기 부상 열차는 시속 603킬로미터로 달렸어요. '바퀴 달린' 일반 열차보다 시속 28킬로미터 더 빨랐지요.

나침반 만들기

아주 오래전 뱃사람들은 자성을 띤 바늘이 언제나 남북 방향을 가리킨다는 사실을 알게 되었고, 그 뒤로 수 세기 동안 자성을 띤 바늘로 만든 나침반을 이용해서 항해해 왔어요. 이 현상은 나침반의 바늘 한쪽이 남북으로 정렬된 지구의 자기장에서 '자기적 북극'을 가리키기 때문에 일어나요. 이때 자기적 북극은 지구 자전축에 놓인 지리적 북극과는 조금 다르지요. 사실 나침반을 만드는 일은 어렵지 않아요. 물 한 그릇과 자성을 띠는 바늘만 있으면 되거든요. 단, 바늘을 사용할 때 다치지 않도록 조심하고 실험이 끝난 후에는 잘 보관하세요.

 꼭 어른과 함께 실험하세요!

1

크고 우묵한 그릇에 물을 3~4센티미터 깊이로 채우세요. 정확할 필요는 없어요.

2
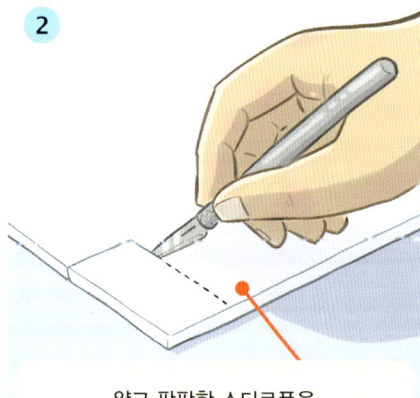
얇고 판판한 스티로폼을 가로 3센티미터, 세로 5센티미터 크기로 잘라요.

3

스티로폼을 물 위에 조심히 띄워요.

4
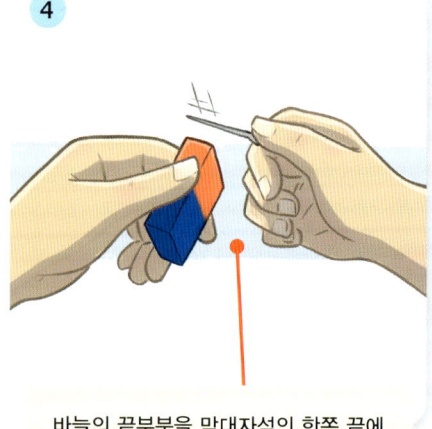
바늘의 끝부분을 막대자석의 한쪽 끝에 한 방향으로 약 40번 정도 문질러요.

5

물에 뜬 스티로폼 위에 바늘을 올려요.

6

바늘과 스티로폼이 함께 빙그르 돌며 북쪽을 가리킬 거예요. 옆에 나침반을 두고 북쪽이 맞는지 확인해 보세요.

이런 게 필요해요! 큰 그릇, 물, 스티로폼, 바느질용 바늘, 막대자석, 나침반

나침반이 없던 시절에는 별을 보며 항로를 찾아야 했어요. 하지만 날씨가 좋지 않은 날에는 별이 보이지 않아 길을 찾기 어려웠지요.

나침반을 이용해 항해하기 시작하면서 밤낮이나 날씨를 가리지 않고 항해할 수 있게 되었어요.

실험 속 원리

이 실험에서 물에 뜬 바늘은 천천히 돌다가 남북 방향에 멈춰 서요. 바늘 나침반이 된 셈이지요! 하지만 바늘 끝을 막대자석의 한쪽 끝에 여러 번 문지르지 않았다면 바늘이 자기를 띠지 못해 남북을 가리키지 못했을 거예요. 이 현상은 금속 물체를 자석에 문지르면 물체가 자기를 띠는 '자기화' 때문에 일어나요. 금속을 자석에 문지르면 금속 안에 아무렇게나 배열되어 있던 입자들이 자석의 성질을 띠면서 일정한 방향으로 배열되고, 바늘이 잠시 나침반의 바늘처럼 작동하지요.

알고 있나요? 자성을 강하게 띠는 자철석은 '로드스톤'이라고 불렸어요. '여행' 또는 '안내하는 돌'이라는 뜻이지요.

전자석 만들기

전자석은 전류가 코일을 통해 흐르면 자기를 띠어 자기장을 만들고, 전류를 끊으면 원래의 상태로 돌아가는 일시적인 자석으로, 전기력과 자기력이 함께 작용할 때 만들어져요. 이때 전자석의 세기는 전류의 세기에 따라 달라져요. 어른의 도움을 받아 다음 실험을 해 보고, 집에서 만든 전자석이 클립을 얼마나 많이 들어 올릴 수 있는지 알아보세요. 전류를 이용한 실험이니 반드시 어른과 함께하세요.

 꼭 어른과 함께 실험하세요!

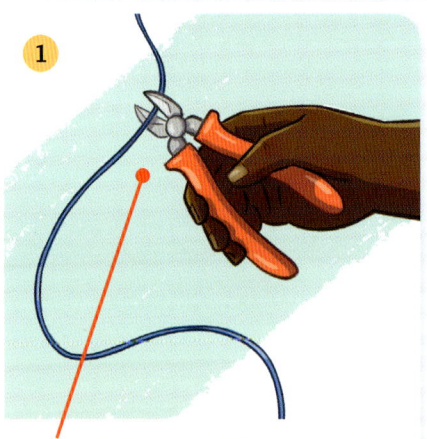

1. 어른에게 부탁해 전선을 자르는 니퍼로 절연 전선을 60센티미터 길이로 잘라 달라고 해요.

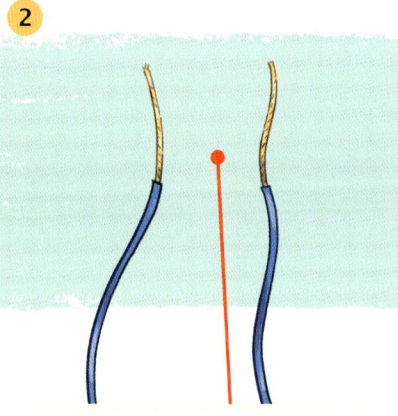

2. 절연 전선의 양쪽 끝에서 전선 바깥을 감싸고 있는 피복을 2센티미터 정도 벗겨 내요.

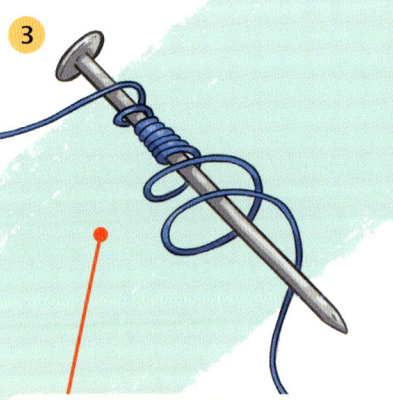

3. 못에 절연 전선을 여러 번 단단히 감아요. 이때 절연 전선의 끝은 못에 감기지 않게 가운데 부분만 감아야 해요.

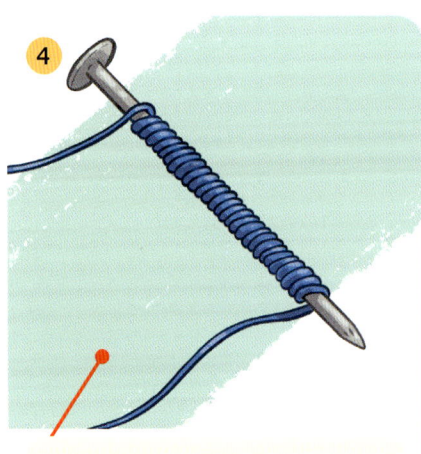

4. 못의 양쪽 끝에도 전선을 감지 않도록 주의하세요.

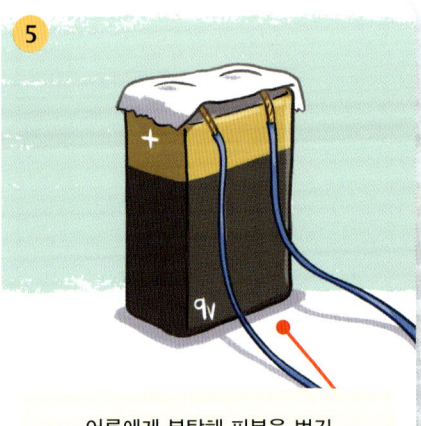

5. 어른에게 부탁해 피복을 벗긴 전선의 끝을 건전지의 양쪽 극에 각각 연결하고, 절연 테이프를 붙여요.

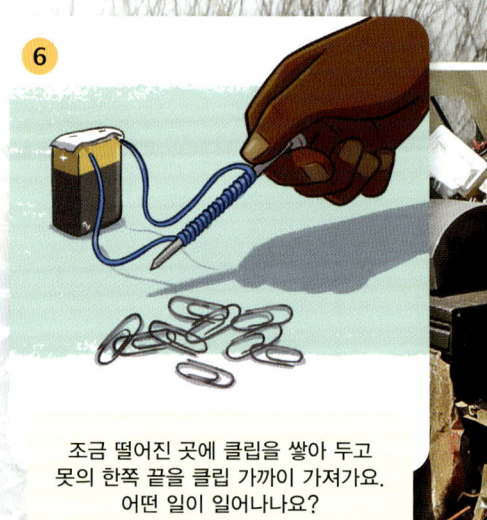

6. 조금 떨어진 곳에 클립을 쌓아 두고 못의 한쪽 끝을 클립 가까이 가져가요. 어떤 일이 일어나나요?

이런 게 필요해요! 얇은 절연 전선, 니퍼, 10센티미터 길이의 철 못, 9볼트 건전지, 클립, 절연 테이프

고철 처리장에서는 실험에서 만든 전자석보다 훨씬 크고 강력한 전자석으로 무거운 금속 물건을 들어 올려요.

이 전자석이 쓰레기 더미에서 철처럼 자성을 띠는 금속을 자성이 없는 금속이나 다른 물질과 분리해 내요.

실험 속 원리

자성을 띠는 물체에 전선을 감아 건전지에 연결하면 전자석을 만들 수 있어요. 이 실험에서는 전선을 감은 못을 건전지에 연결해 한 번에 클립 여러 개를 끌어당길 정도의 자성을 띠는 전자석을 만들 수 있지요. 전류는 전선을 따라 건전지의 한쪽 극에서 다른 쪽 극으로 흘러요. 이때 전선 주위로 자기장이 만들어지는데, 이 자기장이 못에 영향을 주어 못이 일시적으로 전자석의 성질을 띠어요. 하지만 전류가 사라지면 전자석의 전자기력 또한 사라져요. 따라서 건전지에 붙여 둔 전선을 한쪽만 떼어도 못은 클립을 끌어당기지 못해요.

알고 있나요? 미래에는 전자기력을 이용한 우주여행이 가능할지도 몰라요. 자기장이 전기를 띠는 입자를 가속시켜 우주선을 추진시킬 수 있게 되면 말이에요!

보이지 않는 자기장

자석 주위에는 자기력을 띠는 영역인 자기장이 만들어져요. 이때 만들어지는 자기장이 주변의 물체를 끌어당기거나 밀어내는 모습을 관찰해 자기장의 모양을 지도처럼 그려 볼 수 있는데, 대개 자석 주위로 둥글게 부풀어 휘어지다가 자기력이 강한 양쪽 극에서 모아져요. 그 자체로 거대한 자석과도 같은 지구를 살펴보면 자기적인 극은 지구 자기장의 북쪽과 남쪽 끝에 있고, 자기장이 지구 모양을 따라 뻗어 나가지요. 여러분도 이번에 소개할 실험을 통해 자석이 만들어 내는 자기장의 영역을 살펴보세요.

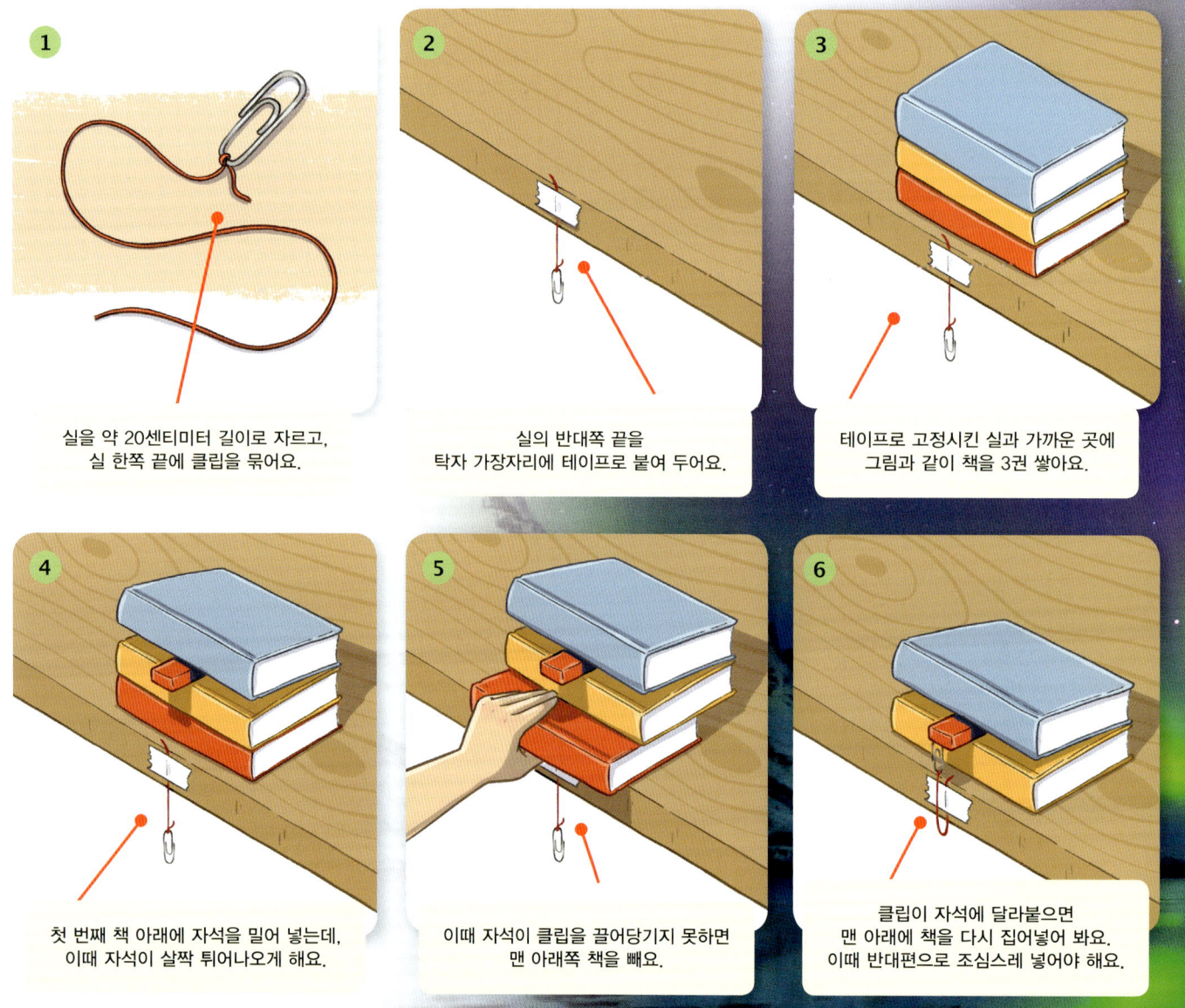

1. 실을 약 20센티미터 길이로 자르고, 실 한쪽 끝에 클립을 묶어요.
2. 실의 반대쪽 끝을 탁자 가장자리에 테이프로 붙여 두어요.
3. 테이프로 고정시킨 실과 가까운 곳에 그림과 같이 책을 3권 쌓아요.
4. 첫 번째 책 아래에 자석을 밀어 넣는데, 이때 자석이 살짝 튀어나오게 해요.
5. 이때 자석이 클립을 끌어당기지 못하면 맨 아래쪽 책을 빼요.
6. 클립이 자석에 달라붙으면 맨 아래에 책을 다시 집어넣어 봐요. 이때 반대편으로 조심스레 넣어야 해요.

이런 게 필요해요! 실, 가위, 클립, 테이프, 표지가 단단한 책 2~4권, 강력한 막대자석, 알루미늄박, 면양말

실험 속 원리

이 실험에서는 막대자석이 만들어 내는 자기장의 강도와 범위를 알 수 있어요. 막대자석과 클립이 붙었을 때 책을 다시 집어넣으면 클립이 자석과 떨어지지만 여전히 공중에 떠 있어요. 클립과 자석이 그 상태로 얼마나 멀어질 수 있는지를 알아내면 자기장이 영향을 미치는 범위를 확인할 수 있지요. 또, 알루미늄박을 막대자석과 클립 사이에 넣으면 아무런 일도 일어나지 않지만 면양말을 넣으면 클립이 힘없이 아래로 떨어지는데, 이를 통해 자기력이 통하는 물질과 그렇지 않은 물질이 있다는 사실도 알 수 있어요.

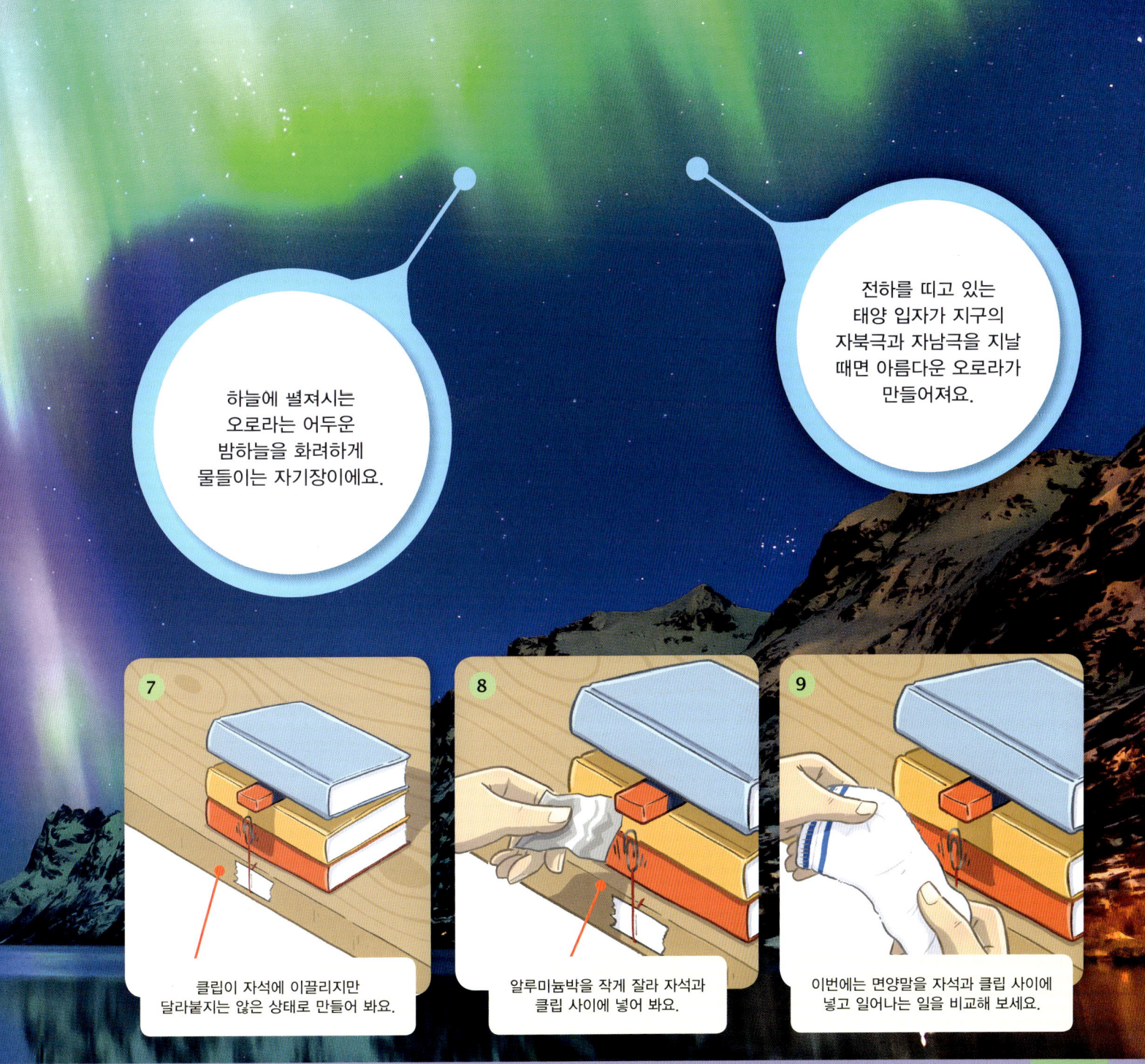

하늘에 펼쳐지는 오로라는 어두운 밤하늘을 화려하게 물들이는 자기장이에요.

전하를 띠고 있는 태양 입자가 지구의 자북극과 자남극을 지날 때면 아름다운 오로라가 만들어져요.

7 클립이 자석에 이끌리지만 달라붙지는 않은 상태로 만들어 봐요.

8 알루미늄박을 작게 잘라 자석과 클립 사이에 넣어 봐요.

9 이번에는 면양말을 자석과 클립 사이에 넣고 일어나는 일을 비교해 보세요.

알고 있나요? 지구 핵을 이루는 물질의 흐름이 변화하며 지구 자기장을 움직이게 하고, 자북극과 자남극도 매년 55~60킬로미터씩 움직여요.

전구 만들기

1800년대 후반에 토머스 에디슨이 발명한 전구는 전류로 빛을 만드는 기구예요. 그때 발명된 전구는 전류가 전구 속에 있는 필라멘트라는 얇은 전선을 뜨겁게 달구어 빛을 냈지요. 지금도 전류로 전구를 밝히는 것은 같지만 필라멘트를 뜨겁게 하는 대신 전구 안 전자가 기체 원자와 충돌하면서 빛을 만들어 내요. 여러분도 기체 원자를 움직여 빛을 만들어 볼까요?

1. 풍선을 터지기 직전까지 크게 불어요.

2. 풍선 끝을 묶은 뒤 윗부분을 머리카락에 대고 20초 동안 문질러요.

3. 반대쪽 손으로 전구를 잡아요.

4. 불을 꺼서 실험하는 곳을 가능한 한 어둡게 해요.

5. 풍선을 전구 위쪽에서 빠르게 앞뒤로 흔들어요. 어떤 일이 벌어지나요?

6. 이번에는 풍선을 움직이지 말고 전구 위에서 가만히 잡고 있어 보세요. 어떤 일이 벌어지나요?

이런 게 필요해요! 풍선, 에너지 절약형 형광등 전구

실험 속 원리

풍선을 머리에 문지르면 음전하를 띤 전자들이 머리카락에서 풍선 바깥쪽으로 옮겨 가요. 그런 다음, 풍선을 전구에 가까이 가져가면 전구 안 전자들이 움직이기 시작하지요. 이때 풍선을 빠르게 앞뒤로 움직이면 전구 속 전자들이 풍선을 따라 움직이면서 전구 안에 채워진 수은 증기와 부딪히게 되고, 수은 증기는 우리 눈에는 보이지 않는 자외선을 내뿜어요. 이 자외선이 전구 안쪽에 입혀진 하얀 물질인 인에 닿으면서 인이 우리 눈에 보이는 하얀빛을 내뿜고, 전구는 밝게 빛나지요.

대부분의 도시는 밤이면 다양한 전등 빛으로 화려하게 빛나요.

전구에서 나오는 빛의 색깔은 전구 안에 든 기체와 움직이는 전자가 만들어 내는 색에 따라 달라져요.

알고 있나요? 화려한 전등을 대개 '네온등'이라고 하지만 네온 기체는 빨간색으로 빛나요. 그 외에 헬륨, 아르곤, 수은이 서로 다른 색으로 빛나지요.

제6장 생물

생물

과학에서는 기본적으로 세상 모든 것을 생물과 무생물로 분류해요. 바위나 바닷물은 누구나 쉽게 알 수 있는 무생물이고, 사자, 참나무, 인간은 우리가 흔히 '살아 있다'고 표현하는 생물이지요.

생물이 지니는 공통된 특성

사람, 사자, 참나무는 당연히 살아 있는 생물로 분류해요. 더 넓게 바라보면 식물과 동물 모두 생물이지요. 하지만 좀 더 다양한 물질을 자세히 들여다보면 생물과 무생물, 동물과 식물의 구분과 분류가 헷갈리기도 해요. 세균은 살아 있다고 할 수 있을까요? 효모는 어떤가요? 놀랍게도 아주 작은 세균과 효모도 살아 있는 생물로 분류돼요. 그렇다면 생물과 무생물을 구분하고 분류하는 기준은 무엇일까요? 과학자들은 생물이 가진 공통된 특성을 알아보고, 이 특성들을 기준으로 생물과 무생물을 나눠요. 기본적으로 생물은 성장하고 번식해요. 또, 자기 몸을 조절하는 능력이 있으며 주변의 자극과 행동에 반응하지요. 이렇게 공통된 특성은 물론 생물마다 자신만의 특별한 성질을 지니고 있어요. 이 뒤에 이어지는 실험에서는 그러한 특징들을 살펴볼 거예요.

알고 있나요? 얼룩말은 해로운 곤충인 말파리에게 물리지 않고 스스로를 지키기 위해 몸에 줄무늬가 나 있다고 해요.

싹 틔우기

식물은 대개 빛, 이산화탄소 그리고 물을 재료로 광합성을 해요. 광합성은 식물이 자라기 위한 양분을 스스로 만들어 내는 화학적인 과정이지요. 그런데 식물의 모든 부분이 같은 속도로 자랄까요? 이 실험에서 누에콩을 직접 기르며 성장 과정을 지켜보세요. 직사광선이 잘 들어오는 창문이 있다면 더욱 좋을 거예요.

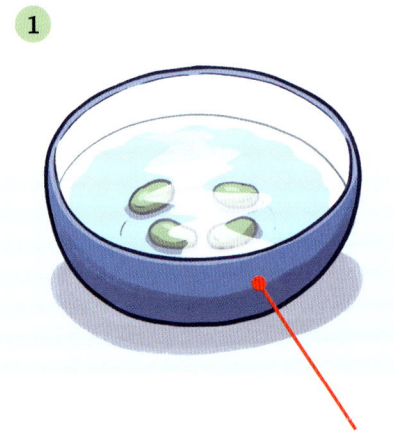

1. 우묵한 그릇에 누에콩 4알을 넣고 물을 부어 하룻밤 동안 불려요.

2. 위를 밀봉할 수 있는 비닐봉지 바닥에 젖은 솜뭉치를 넣어요.

3. 젖은 솜뭉치로 비닐봉지 아래를 채워요.

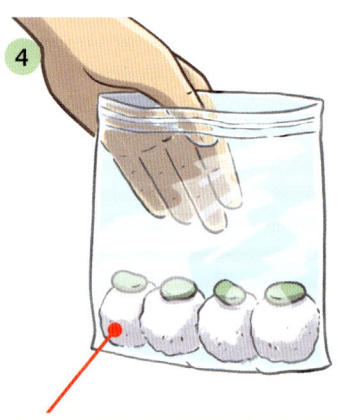

4. 하룻밤 동안 불린 누에콩을 비닐봉지 아래쪽의 젖은 솜뭉치 위에 고르게 올려요.

5. 비닐봉지를 닫아 밀봉하고 햇빛이 드는 창문에 테이프로 붙여요.

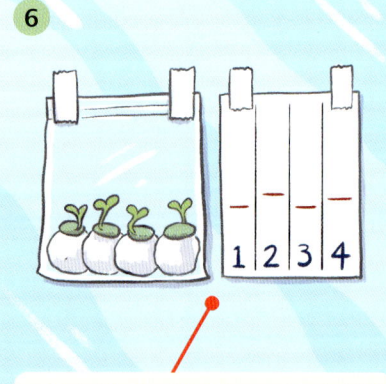

6. 며칠이 지나 누에콩의 싹이 트면 비닐봉지 옆에 종이를 붙이고, 누에콩이 자란 높이를 각각 표시해요.

이런 게 필요해요! 누에콩 4개(누에콩을 구하기 어렵다면 강낭콩으로 대체할 수 있어요.), 우묵한 그릇, 물, 솜뭉치, 밀봉 가능한 비닐봉지, 테이프, 종이, 펜

실험 속 원리

불린 누에콩을 젖은 솜뭉치 위에 올리고 시간이 지나면 누에콩이 싹을 틔워 줄기와 뿌리가 자라나요. 며칠 동안 줄기가 얼마나 자랐는지를 기록해 보면 줄기 끝부분은 눈에 띄게 자라지만 누에콩에 가까운 부분은 거의 자라지 않는다는 사실을 알 수 있어요. 그 이유는 옥신이라는 식물 호르몬이 줄기 끝에 집중되어 있기 때문이에요. 옥신은 줄기 끝의 식물 세포를 더 탄력 있게 만들어 주고, 탄력이 높아진 세포는 물을 다른 곳의 세포보다 더 많이 흡수해 쭉쭉 자라나지요.

대나무는 높이 자라기 때문에 나무처럼 보이지만 사실은 풀의 한 종류예요.

7
며칠 동안 매일매일 누에콩 싹이 자란 높이를 표시해요.

어떤 대나무 종은 하루에 0.9미터씩 자라요.

알고 있나요? 남아메리카 안데스산맥에서 자라는 푸야 라이몬디라는 식물은 꽃을 피우는 데만 최대 150년이 걸리는데, 일단 꽃을 피우고 나면 죽어요.

빛을 찾아서

식물은 양분을 스스로 만들기 위해 빛과 물을 받아들여 광합성을 해요. 살아남으려면 빛이 필요하기 때문에 빛에 놀라울 만큼 적극적으로 반응하는데, 빛을 조금이라도 더 받기 위해 키가 크게 자라고 낮에는 몸을 움직이기도 해요. 심지어 빛을 찾아 모퉁이를 돌아 자라기도 하지요. 식물이 빛에 어떻게 반응하는지 다음 실험으로 직접 확인해 보세요.

 꼭 어른과 함께 실험하세요!

1
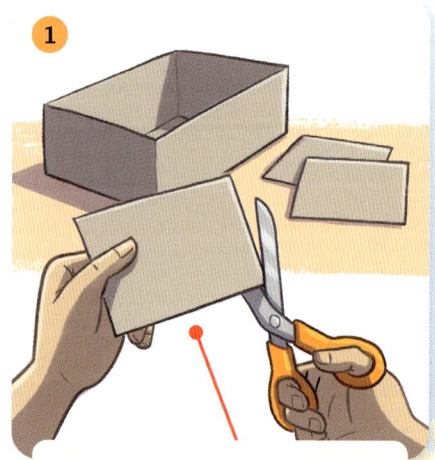
판지 3장을 신발 상자 높이로 잘라요. 이때 폭은 신발 상자 너비보다 5센티미터 짧게 잘라요.

2
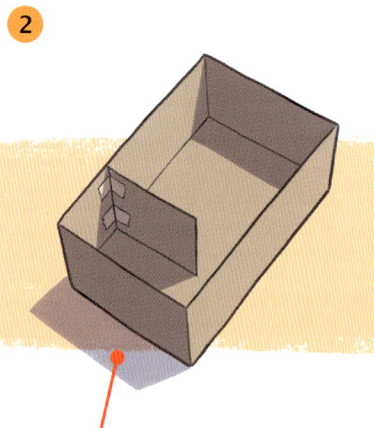
그림처럼 판지 1장을 신발 상자 안쪽 4분의 1쯤 되는 지점에 테이프로 붙여요.

3
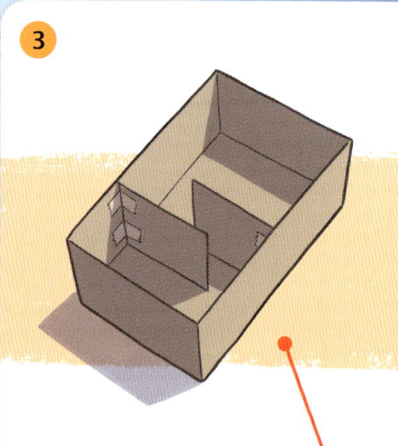
두 번째 판지를 처음 판지를 붙인 반대쪽 면 중간 즈음에 테이프로 붙여요.

4
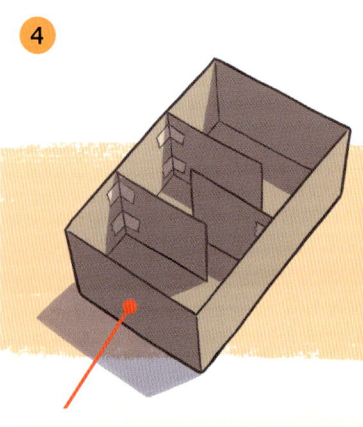
마지막 판지를 처음 붙인 판지와 같은 면의 4분의 3쯤 되는 곳에 테이프로 붙여요.

5
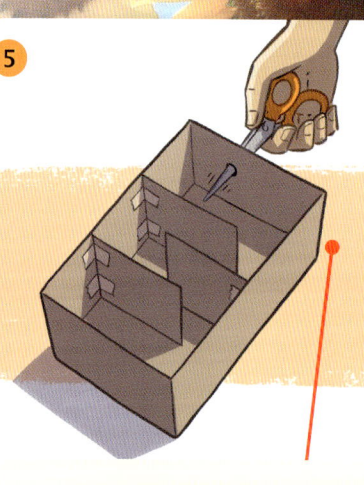
어른에게 부탁해 상자 한쪽 끝에 그림처럼 구멍을 내요.

6
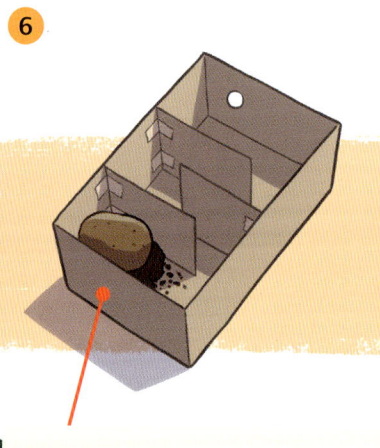
구멍에서 가장 먼 쪽에 흙을 조금 놓고 싹이 튼 감자를 올려요.

이런 게 필요해요! 신발 상자, 판지, 가위, 테이프, 화분용 흙, 싹이 튼 감자

실험 속 원리
빛은 식물이 양분을 만드는 데 무척 중요해요. 그래서 식물은 언제나 빛을 찾으려 하고, 빛에 반응해 움직이거나 자라는 성질인 '굴광성'을 띠어요. 이 실험에서 감자는 멀리 떨어진 구멍으로 들어오는 아주 적은 양의 햇빛도 감지해요. 일단 햇빛의 방향을 감지한 식물은 빛에서 멀리 떨어진 식물 줄기에 세포가 빨리 자라게 돕는 화학 물질인 옥신을 더 많이 만들어 내요. 그러면 햇빛과 먼 감자 줄기는 판지를 붙여 만들어 둔 모퉁이를 구불구불 돌면서 햇빛을 향해 자라나지요.

싹이 튼 감자처럼 다른 식물들도 햇빛을 받아 자라요. 해바라기는 이름처럼 해를 향해 자라지요.

해바라기는 매일 해를 향해서 천천히 방향을 틀며 자라나요.

7 신발 상자의 뚜껑을 덮고, 신발 상자를 햇빛이 드는 곳에 두세요.

8 며칠에 한 번씩 뚜껑을 열어 감자가 어떻게 자라고 있는지 확인하고 다시 뚜껑을 덮어 둬요.

알고 있나요? 식물은 중력에 반응하거나 물을 감지하며 자라는 또 다른 특징도 띠어요. 이렇게 외부의 자극에 따라 굽는 성질을 '굴성'이라고 해요.

화학 물질 피하기

생물은 대개 스스로를 보호하는 바깥층에 둘러싸여 있어요. 하지만 '산'이라는 화학 물질은 이 바깥층을 파괴하고 뚫기도 하지요. 우리가 자주 먹고 마시는 음료와 음식에도 산이 들어 있어서 치아를 깨끗이 닦지 않으면 단단한 치아에 손상을 입혀요. 그래서 과학자들은 다른 화학 물질로 해로운 화학 물질을 막는 방법을 생각해 내곤 하지요. 달걀 껍질을 이용한 실험으로 산이 얼마나 해로운지, 왜 산을 주의해야 하는지 한번 생각해 보세요.

꼭 어른과 함께 실험하세요!

1. 첫 번째 유리컵에 달걀을 넣고 구강 청결제를 부어 완전히 잠기게 해요.
2. 나머지 유리컵에 식초를 절반쯤 채워요.
3. 10분 뒤, 구강 청결제에 담갔던 달걀을 식초로 채운 두 번째 컵에 넣어요.
4. 새로운 달걀을 식초를 넣은 세 번째 유리컵에 넣어요.
5. 구강 청결제에 담그지 않았던 두 번째 달걀에 마치 충치처럼 거품이 생기는 모습을 볼 수 있어요.

이런 게 필요해요! 유리컵 3개, 달걀 2개, 불소 성분이 든 구강 청결제, 식초

식물은 달걀 껍질이나 동물의 이빨보다 산을 막아 내는 힘이 약해요. 그래서 산성 물질에 쉽게 손상되거나 죽지요.

주변에 나무가 적으면 토양을 단단히 붙들어 주는 나무뿌리도 적어요. 그러면 토양이 쉽게 쓸려 나가거나 깎여 나가 새로운 생물이 자라기 어려워지지요.

실험 속 원리

달걀 껍질은 우리의 치아처럼 탄산칼슘이라는 성분으로 이루어져 있어요. 또, 달걀 껍질도 칼슘 화합물인 에나멜로 된 딱딱한 바깥층에 둘러싸여 있지요. 그런데 식초의 아세트산이나 탄산음료에 든 산 성분은 탄산칼슘과 화학 반응을 일으켜요. 이 실험에서 식초에 담근 달걀에 생기는 거품이 바로 화학 반응의 결과이지요. 그런데 구강 청결제에 든 불소 같은 화학 성분은 탄산칼슘을 다시 만들어 내거나 화학 반응으로 녹은 탄산칼슘 성분의 일부를 되살릴 수 있어요. 치아를 보호하기 위해 불소가 든 구강 청결제나 치약을 쓰는 이유이지요.

알고 있나요? 치아를 보호하고 건강하게 유지하기 위해 먹는 물에 불소 성분을 넣는 사람들도 있어요.

엑스선 사진

병원에 가면 엑스선 사진을 찍어 몸 안쪽을 실제로 들여다보지 않고도 피부 안쪽에서 무슨 일이 일어나고 있는지 알 수 있어요. 눈에 보이지 않는 전자기파 가운데 하나인 엑스선이 피부와 근육은 통과하지만 뼈와 같은 장애물을 만나면 선명한 그림자를 만들기 때문이에요. 병원에서 찍는 엑스선처럼 정확하고 선명하지는 않겠지만 손전등으로 우리 몸 안쪽에 있는 뼈를 확인해 볼 수 있어요. 이 실험을 할 때는 방이 아주아주 어두워야 하지요.

1. 손전등을 손에 들고 불을 끈 뒤 커튼을 쳐 방을 가능한 한 어둡게 해요.

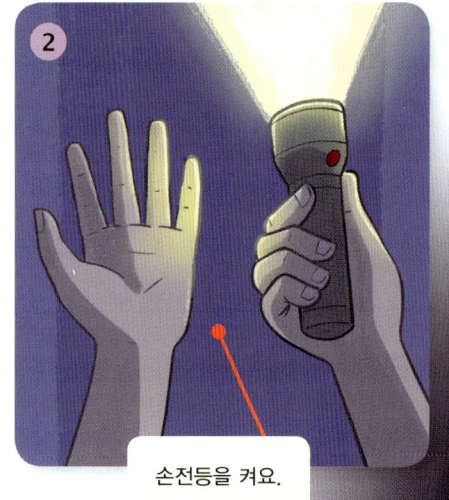

2. 손전등을 켜요.

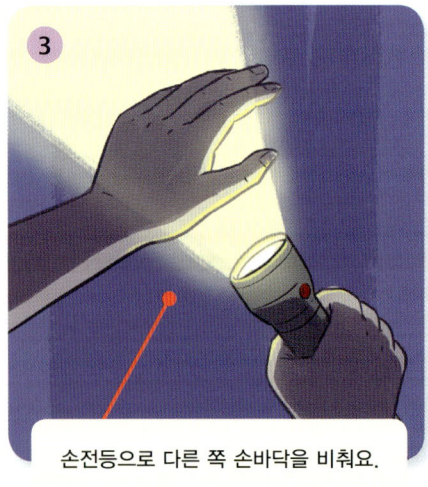

3. 손전등으로 다른 쪽 손바닥을 비춰요.

4. 손전등을 손바닥에 대고 밀착시킨 뒤 손등을 보면 뼈의 모양이 희미하게 보여요.

엑스선 사진에서 공기로 채워진 폐는 검은색으로 보이지만 단단한 갈비뼈는 하얗고 선명하게 보여요.

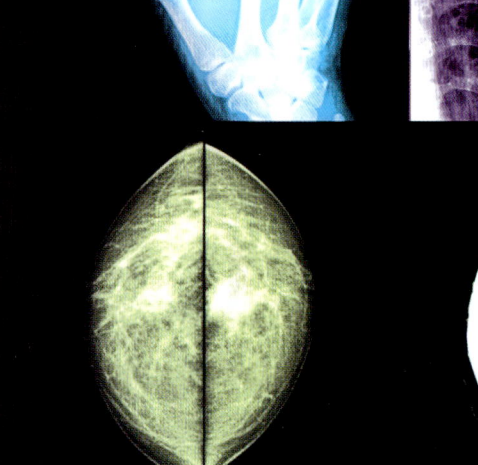

이런 게 필요해요! 전등의 폭이 손의 너비보다 좁은 손전등

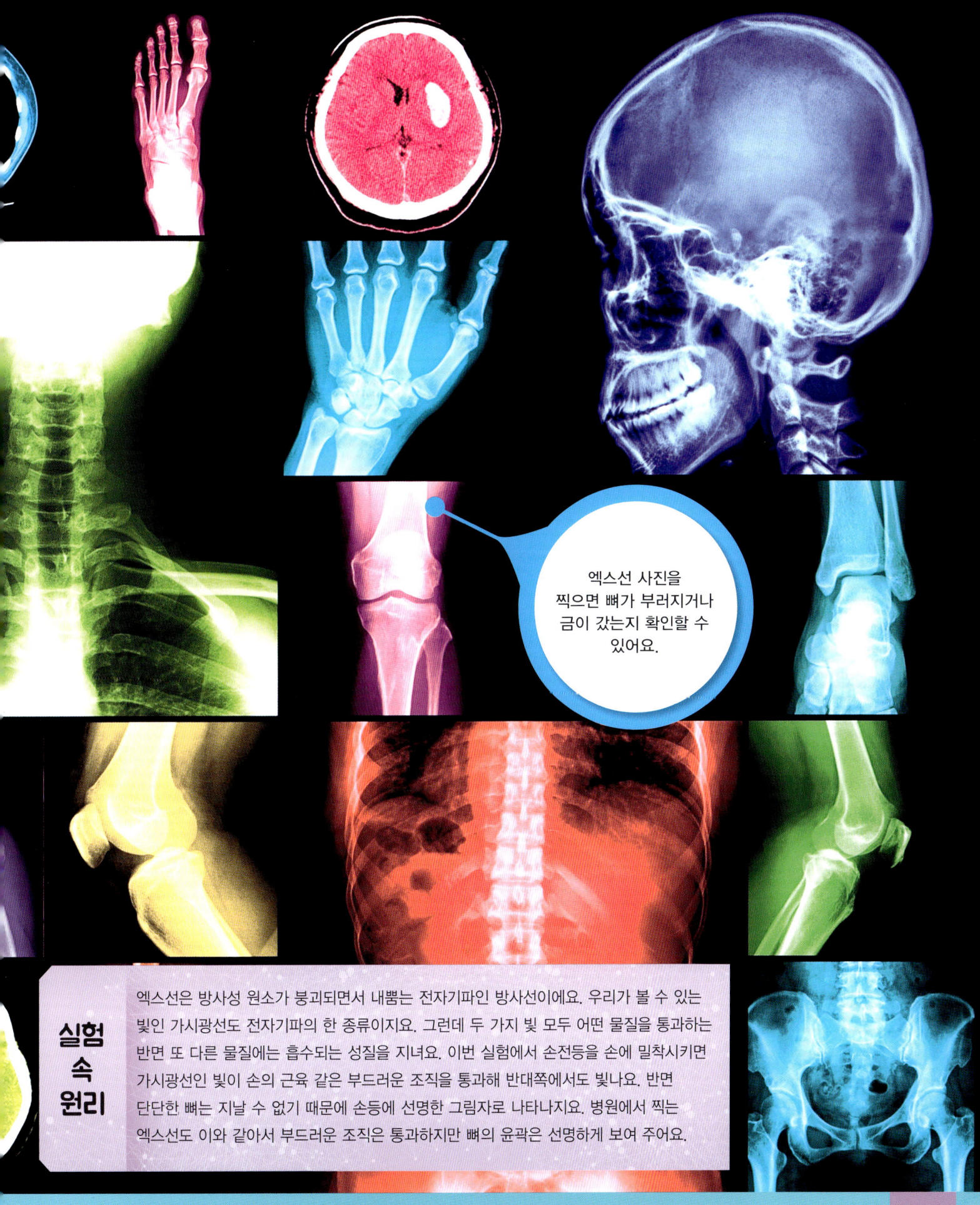

엑스선 사진을 찍으면 뼈가 부러지거나 금이 갔는지 확인할 수 있어요.

실험 속 원리

엑스선은 방사성 원소가 붕괴되면서 내뿜는 전자기파인 방사선이에요. 우리가 볼 수 있는 빛인 가시광선도 전자기파의 한 종류이지요. 그런데 두 가지 빛 모두 어떤 물질을 통과하는 반면 또 다른 물질에는 흡수되는 성질을 지녀요. 이번 실험에서 손전등을 손에 밀착시키면 가시광선인 빛이 손의 근육 같은 부드러운 조직을 통과해 반대쪽에서도 빛나요. 반면 단단한 뼈는 지날 수 없기 때문에 손등에 선명한 그림자로 나타나지요. 병원에서 찍는 엑스선도 이와 같아서 부드러운 조직은 통과하지만 뼈의 윤곽은 선명하게 보여 주어요.

알고 있나요? 엑스선에 오랜 시간 노출되면 건강에 좋지 않아요. 그래서 엑스선 장비를 다루는 사람들은 방사선을 막아 주는 특수한 옷을 입고 벽 뒤에 서서 일하지요.

세포막의 역할

식물이든 동물이든 살아 있는 유기체가 양분을 얻고 자라나려면 다양한 액체가 필요해요. 이 액체 가운데 일부는 유기체의 몸에 흡수된 뒤 혈관 같은 통로를 따라 흐르지요. 우리 몸에 있는 다양한 조직 가운데 '투과성 조직'은 거의 모든 액체를 통과시키는 반면 '반투과성 조직'은 액체의 흐름을 느리게 해 통제하려고 해요. 반투과성 조직인 세포막이 액체를 어떻게 통과시키는지 셀로판지를 이용해 실험해 보세요.

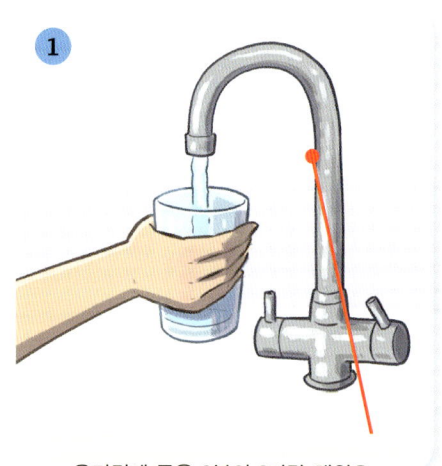

1. 유리컵에 물을 3분의 2가량 채워요.

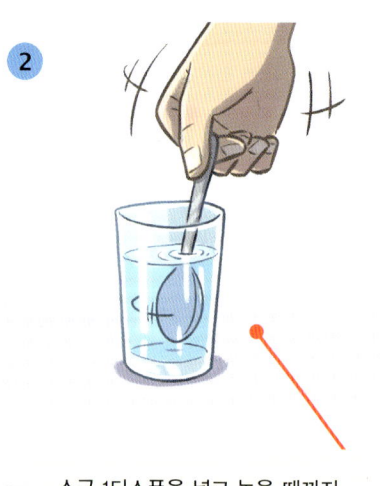

2. 소금 1티스푼을 넣고 녹을 때까지 잘 저어요.

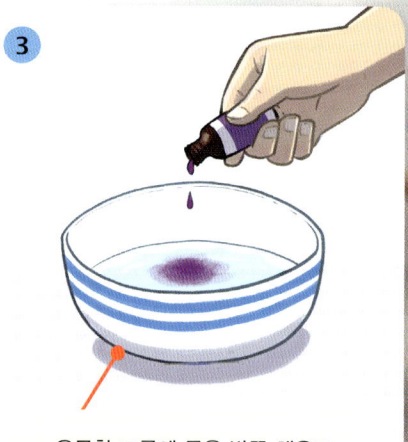

3. 우묵한 그릇에 물을 반쯤 채우고 식용 색소를 넣은 뒤 색이 고르게 퍼질 수 있게 잘 저어요.

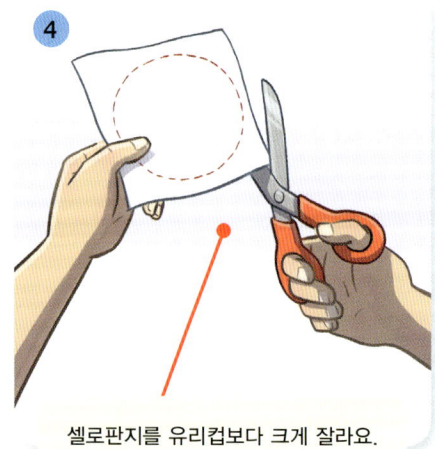

4. 셀로판지를 유리컵보다 크게 잘라요.

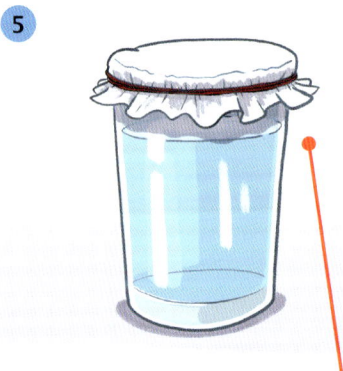

5. 셀로판지로 유리컵을 덮은 뒤 물이 새지 않게 고무줄로 고정시켜요.

6. 유리컵을 뒤집어서 식용 색소를 푼 그릇에 올리고 무슨 일이 일어나는지 관찰해 보세요.

118 **이런 게 필요해요!** 유리컵, 물, 티스푼, 소금, 우묵한 그릇, 식용 색소, 셀로판지, 가위, 고무줄

실험 속 원리

생물은 모두 세포로 이루어져 있고, 세포는 세포막으로 둘러싸여 있어요. 어떤 물질이 세포 안으로 또는 밖으로 이동하려면 세포막을 지나야 하는데, 세포막은 몇몇 물질만을 선택적으로 투과시키지요. 이 실험에서 유리컵 속 물은 식용 색소의 색으로 서서히 물들어요. 식물 성분인 셀룰로오스로 만들어진 셀로판지는 마치 다양한 액체 입자들을 통과시키는 세포막처럼 작용해서 색으로 물든 물을 유리컵 안쪽으로 통과시키지요.

포도 안에 있는 세포막은 물과 영양분을 세포 안쪽으로 통과시켜요.

포도의 겉껍질은 투과성이 좋지 않아 습기를 안에 가두는데, 덕분에 포도가 익을수록 과즙이 풍부해지지요.

7 시간이 지나면서 유리컵 속 물의 색이 변하는 걸 볼 수 있어요.

알고 있나요? 포도를 말려 건포도를 만들 때면 습기가 겉껍질을 통해 아주 서서히 빠져나가요.

자연에서 방향 찾기

낯선 곳에서 길을 찾을 때면 당연히 휴대 전화의 지도 애플리케이션을 켤 거예요. 산이나 바다 같은 자연에서는 나침반으로 방향을 찾을 수도 있지요. 하지만 휴대 전화도 지도도 나침반도 없다면 방향을 어떻게 찾아야 할까요? 신기하게도 답은 자연에 있어요. 기초적인 과학 원리를 이해한다면 낯선 곳에서도 길을 찾을 수 있고, GPS나 나침반 없이도 자연을 주의 깊게 관찰해 북쪽을 알 수 있다는 뜻이지요. 이번 실험에서는 밖으로 나가 이끼 낀 나무줄기를 관찰해 북쪽을 찾아볼 거예요.

공원이나 숲처럼 나무가 많은 곳을 찾아가 나침반을 나무 가까이에 놓아요.

나침반이 북쪽을 가리키는지 확인해요.

나무 주위를 빙 돌며 아래쪽을 살펴 나무에서 이끼가 많이 낀 쪽을 찾아요.

이끼가 많이 낀 쪽이 나침반이 가리키는 북쪽인지 확인해 보세요. 같은 과정을 반복하며 이끼가 가장 많이 낀 나무도 찾아보세요.

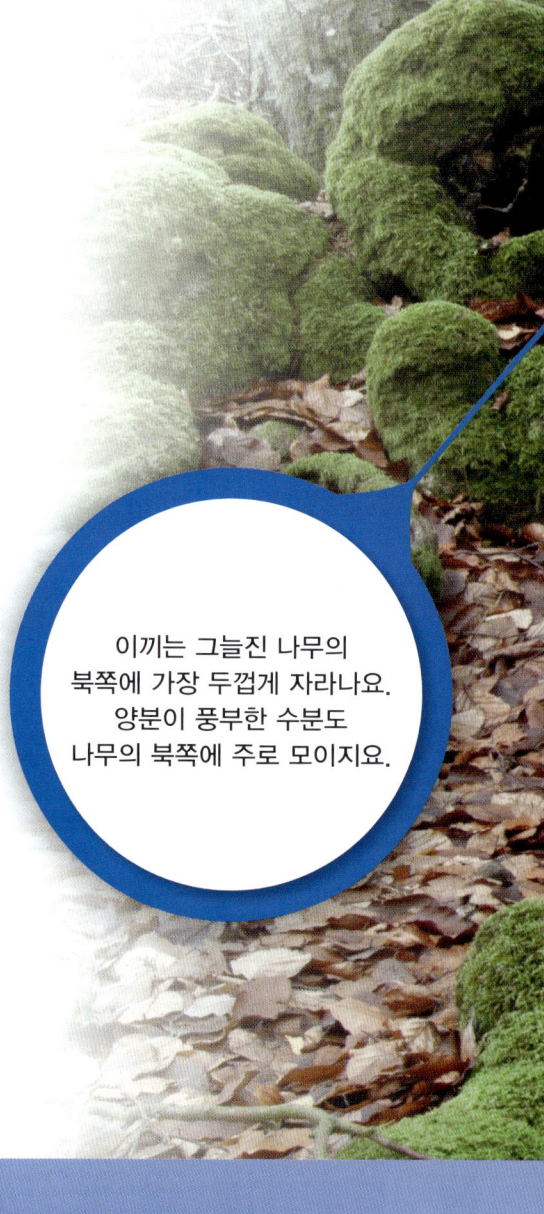

이끼는 그늘진 나무의 북쪽에 가장 두껍게 자라나요. 양분이 풍부한 수분도 나무의 북쪽에 주로 모이지요.

이런 게 필요해요! 휴대용 나침반, 밑동에 이끼가 난 나무 여러 그루

이끼는 죽은 나무나 죽어 가는 나무에서도 잘 자라요.

실험 속 원리

식물은 대개 햇빛이 있는 곳에서 잘 자란다고 알려져 있어요. 햇빛을 향해 자라는 식물들도 있고요. 하지만 모든 식물이 그런 것은 아니에요. 이끼 같은 섬세한 식물은 햇빛이 강하면 오히려 잘 자라지 못하고, 햇빛과 먼 어두운 곳에서 더 잘 자라지요. 그래서 이끼는 나침반처럼 방향을 알려 주는 역할을 하기도 해요. 북반구에서는 태양이 남쪽 하늘에 나타나기 때문에 나무의 북쪽 면이 주로 그늘져요. 이런 원리를 이용하면 나침반처럼 북쪽을 알아낼 수 있지요. 반면, 남반구에서는 태양이 북쪽 하늘에 나타나기 때문에 이끼가 나무의 남쪽에서 잘 자라요.

알고 있나요? 같은 나무에서도 태양을 향한 면의 나뭇잎이 더 풍성하게 자라요.

살아 숨 쉬는 잎

식물은 물을 끊임없이 흘려 내보내는 작은 배관 시스템과도 같아요. 식물의 뿌리는 흙에서 물과 영양분을 빨아들이고, 물과 영양분은 식물 구석구석을 흐르며 영양분을 전달하고, 물은 나뭇잎을 통해 다시 밖으로 나가지요. 그러고 나면 식물은 땅에서 더 많은 물과 영양분을 빨아들이고, 이 같은 과정이 쉬지 않고 이어져요. 이 실험에서는 살아 있는 나뭇잎을 이용하는데, 실험을 마친 뒤에는 잊지 말고 비닐봉지를 제거해 주세요!

손바닥만 하거나 조금 더 큰 잎을 가진 나무를 찾아요. 집에 있는 식물로 실험할 수 있으면 더 편할 거예요.

실험할 잎을 정해 비닐봉지를 씌워요.

비닐봉지 끝에 고무줄을 묶어 나뭇가지에 고정시켜요.

약 15분 뒤에 비닐봉지를 확인하면 안쪽이 뿌옇게 흐려졌을 거예요.

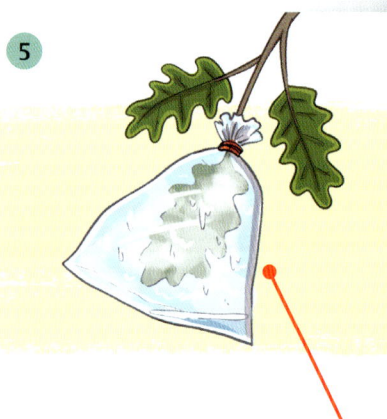

24시간 뒤에 다시 확인해 보면 이번에는 물방울이 모여 있을 거예요.

실험이 끝나면 비닐봉지를 빼 주세요. 그래야 식물이 숨 쉴 수 있어요!

이런 게 필요해요! 큼직한 잎이 달린 나무, 투명한 비닐봉지, 고무줄

> 살아 있는 나뭇잎은 계속해서 습기를 내보내요. 나무가 우거진 숲은 공기 중으로 물을 내뿜고 있는 셈이지요.

> 나무가 내뿜은 수증기가 응결되면 삼림 지대에 안개나 구름이 끼고는 해요.

실험 속 원리

식물은 뿌리로 빨아들인 물에서 영양분만 쓰고, 남은 물은 잎을 통해 수증기의 형태로 내보내요. 그렇기 때문에 우리 눈에는 보이지 않지요. 하지만 이 실험에서는 잎을 감싼 비닐봉지 때문에 수증기가 빠져나가지 못하고 비닐봉지 안에 모여서 우리 눈으로 확인할 수 있어요. 또, 밤에 기온이 내려가면 수증기가 물로 변하면서 더욱 잘 보이지요. 식물이 땅에서 양분이 담긴 물을 더 많이 빨아들이려면 잎으로 내보내는 물도 많아야 해요. 이런 과정을 '증산 작용'이라고 하지요.

알고 있나요? 선인장처럼 뜨거운 사막에서 자라는 식물은 줄기가 두껍고 단단한 데다 잎도 바늘처럼 얇아요. 식물 안의 물이 너무 많이 증발되는 것을 막기 위해서예요.

동작을 기억하는 근육

우리가 하는 모든 행동은 근육을 긴장시켰다가 이완하는 과정이에요. 눈을 감았다 뜨고 손가락을 꼼지락거리는 것처럼 아주 작은 행동도 근육의 움직임으로 이루어지지요. 하지만 스키를 타거나 악기를 연주하는 것처럼 무척 복잡한 움직임을 능숙하게 해내려면 그 동작을 반복해 연습해야 해요. 그래야 골똘히 생각하지 않고도 그 동작을 할 수 있지요. 이런 무의식적인 학습은 사실은 뇌가 근육에게 내리는 명령으로, 스키나 악기 연주 같은 복잡한 일에만 쓰이지는 않아요.

1. 첫 번째 친구에게 한쪽 팔을 내린 채 문틀 옆에 서 달라고 해요.

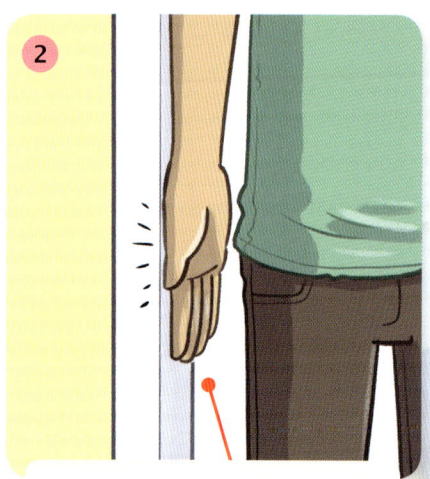

2. 친구에게 손등과 팔에 힘을 세게 주어 문틀을 밀어낼 것처럼 눌러 보라고 하세요.

3. 30초 뒤, 한 발자국 앞으로 내디뎌요.

4. 놀랍게도 힘을 잔뜩 주어 문틀을 밀던 팔이 저절로 옆으로 올라갈 거예요.

5. 또 다른 친구가 같은 동작을 하는데, 이번에는 15초 뒤에 한 발자국 앞으로 움직여요.

6. 어떤 친구의 팔이 더 높이 올라가는지 비교해 보세요.

이런 게 필요해요! 도와줄 친구 2명, 스톱워치나 시계

실험 속 원리

이 실험에서는 팔이 지속적으로 하고 있던 동작을 '기억'하기 때문에 저절로 올라가요. 이 동작을 하고 있는 30초 또는 15초 동안 뇌는 손등과 팔로 문틀을 누르는 동작을 계속하라고 끊임없이 명령해요. 장애물인 문틀이 없어진 직후에도 문틀을 세게 밀라는 뇌의 명령이 계속되기 때문에 팔이 바깥으로 힘을 주지만, 문틀이 없어서 팔이 위로 올라가는 거예요. 하지만 두 번째 친구는 첫 번째 친구보다 짧은 시간 동안 팔에 힘을 주었기 때문에 팔이 첫 번째 친구보다 낮게 올라가겠지요.

높은 나무막대인 죽마를 타고 공연하는 사람들은 팔과 다리가 동작을 익힐 때까지 작은 죽마를 타고 연습해요.

근육이 작은 죽마에 익숙해지면 더 큰 죽마 위에서도 균형을 잡고 춤처럼 복잡한 동작을 할 수 있어요.

알고 있나요? 이와 같은 이유로 운동을 배울 때 잘못된 자세를 잡고 연습한다면 그 습관을 떨쳐 내기가 쉽지 않지요.

생명의 증거

살아 있는 생물은 모두 영양분을 섭취해야 건강하게 자라고 살아가요. 영양분에는 대개 여러 물질이 섞여 있어서, 생물이 흡수한 영양분을 제대로 쓰려면 먼저 분해해야 하지요. 영양분을 화학적으로 분해하는 과정을 소화라고 하고, 분해된 뒤 쓰이지 않는 물질은 노폐물로 몸 밖으로 내보내져요. 배출되는 노폐물은 생물에 따라 다른데, 한 생물의 노폐물이 다른 생물에게는 영양분이 되기도 해요. 풍선을 부풀리는 다음 실험으로 노폐물이 밖으로 배출되는 과정을 알아보세요.

1. 계량컵에 뜨거운 물과 찬물을 받아 물의 온도를 섭씨 38도로 맞춰요.

2. 온도를 맞춘 물을 200밀리리터만 남기고 나머지는 개수대에 따라 버려요.

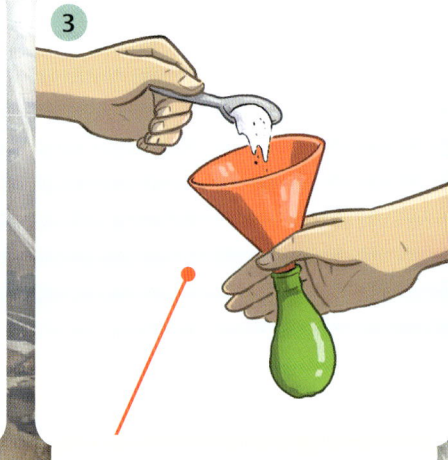

3. 풍선 입구에 깔때기를 끼우고 설탕과 이스트를 각 1티스푼씩 넣어요.

4. 따뜻한 물을 풍선 안에 따라서 넣고 풍선을 묶어요.

5. 풍선을 10분 동안 그대로 두세요.

6. 풍선이 어떻게 변했나요?

이런 게 필요해요! 계량컵, 물, 온도계, 설탕, 이스트, 티스푼, 풍선, 깔때기

효모와 버섯은 모두 균류예요. 버섯은 대개 썩은 풀과 나무에서 영양분을 얻지요.

균류가 그렇듯 버섯은 식물이 아니기 때문에 영양분을 얻어 자라는 데 빛이 필요하지 않아요.

실험 속 원리

빵을 만들 때 주로 쓰이는 이스트는 효모라고도 해요. 무생물처럼 보이지만 살아 있는 유기체이자 버섯의 친척이지요. 이 실험은 동물이 먹이를 먹고 소화시키는 과정을 보여 주는데, 효모는 생물, 설탕은 영양분과 같아요. 따뜻한 물은 효모가 설탕을 쉽게 흡수하고 소화하게 돕지요. 이때 동물이 먹이를 먹어 소화시키면서 트림하는 것처럼 효모는 영양분을 소화시키며 이산화탄소라는 기체를 내뿜어요. 그래서 풍선이 부풀어 오르는 거예요.

알고 있나요? 미국 오리건주에는 8,500년도 넘은 거대한 버섯 군락이 자리 잡고 있어요.

용어 설명

- **굴성**
식물의 일부가 외부의 자극이 오는 방향으로 굽는 성질을 말해요.

- **균류**
광합성을 하지 않는 하등 식물이에요.

- **기류**
온도나 지형의 차이 때문에 일어나는 공기의 흐름을 말해요.

- **드롭 샷**
테니스나 배드민턴에서 볼이나 셔틀콕에 역회전을 주어 상대편 코트의 네트 가까이 떨어뜨리는 일이에요.

- **무게 중심**
물체 안에서 중력의 힘이 어디서나 똑같아지는 지점을 말해요. 질량의 중심과도 같지요.

- **물질**
세계를 이루는 구성 요소로, 공간을 차지하고 질량을 가져요.

- **밀도**
어떤 물질의 단위 부피만큼의 질량으로, 면적밀도라고도 해요.

- **분자**
한 물질에서 화학적 형태와 성질을 잃지 않고 분리될 수 있는 가장 작은 입자예요.

- **산**
물에 녹아 수소 이온을 만드는 물질로, 신맛이 나요.

- **선 운동량**
직선 운동에서 만들어지는 운동의 양이에요.

- **압력**
두 물체가 접촉했을 때 그 면을 수직으로 누르는 힘을 말해요.

- **양력**
유체 속을 운동하는 물체에 운동 방향과 수직 방향으로 작용하는 힘이에요.

- **양전하**
양의 전기를 띠는 전하예요.

- **용해**
고체 물질이 녹아서 액체 물질이 되는 현상을 가리켜요.

- **운동량**
운동하는 데 드는 힘의 양을 말해요.

- **유체**
기체와 액체를 아울러 가리켜요.

- **음전하**
음의 전기를 띠는 전하로, 음전하를 띠고 원자핵을 도는 소립자를 전자라고 해요.

- **음파**
공기나 그 밖의 매질이 진동을 받아서 생기는 파동이에요.

- **응결**
온도가 낮아지거나 압력이 높아져 기체가 액체로 변하는 현상이에요.

- **이온**
전하를 띠는 원자로, 전자를 잃으면 양전하가, 전자를 얻으면 음전하가 돼요.

- **전도**
열 또는 전기가 물체 속을 이동하는 현상이에요.

- **절연체**
열이나 전기가 잘 전달되지 않는 물질을 말해요.

- **주파수**
전파나 음파가 1초 동안 진동하는 횟수를 말해요.

- **중력**
지구가 지구 위의 물체를 끌어당기는 힘이에요.

- **파동**
공간의 한 점에서 생긴 물리적인 변화가 퍼져 나가는 현상을 가리켜요.

- **파장**
파동에서 같은 위치에 놓인 두 점 사이를 거리를 말해요.

- **표면 장력**
액체의 표면이 스스로 수축해서 가장 적은 면적을 유지하려는 힘이에요.

- **회전 운동량**
회전하는 물체가 회전 운동을 하는 세기를 가리켜요.